MINDSET DA DISRUPÇÃO

Outros livros de Charlene Li

The Engaged Leader

The Seven Success Factors of Social Business Strategy,
em coautoria com Brian Solis

Liderança Aberta

Marketing in the Groundswell, em coautoria com Josh Bernoff

Groundswell, em coautoria com Josh Bernoff

MINDSET DA DISRUPÇÃO

Por Que Algumas Organizações Se Transformam e Outras Falham

Charlene Li

Autora do best-seller do New York Times
Liderança Aberta

ALTA BOOKS
EDITORA
Rio de Janeiro, 2019

Mindset da Disrupção – Por que algumas organizações se transformam e outras falham
Copyright © 2019 da Starlin Alta Editora e Consultoria Eireli. ISBN: 978-85-508-1375-2

Translated from original The Disruption Mindset. Copyright © 2019 by Ideapress Publishing. All rights reserved. ISBN 9781940858708. This translation is published and sold by permission of Ideapress Publishing an imprint of Ideapress Publishing the owner of all rights to publish and sell the same. PORTUGUESE language edition published by Starlin Alta Editora e Consultoria Eireli, Copyright © 2019 by Starlin Alta Editora e Consultoria Eireli.

Todos os direitos estão reservados e protegidos por Lei. Nenhuma parte deste livro, sem autorização prévia por escrito da editora, poderá ser reproduzida ou transmitida. A violação dos Direitos Autorais é crime estabelecido na Lei nº 9.610/98 e com punição de acordo com o artigo 184 do Código Penal.

A editora não se responsabiliza pelo conteúdo da obra, formulada exclusivamente pelo(s) autor(es).

Marcas Registradas: Todos os termos mencionados e reconhecidos como Marca Registrada e/ou Comercial são de responsabilidade de seus proprietários. A editora informa não estar associada a nenhum produto e/ou fornecedor apresentado no livro.

Impresso no Brasil — 2019 — Edição revisada conforme o Acordo Ortográfico da Língua Portuguesa de 2009.

Publique seu livro com a Alta Books. Para mais informações envie um e-mail para autoria@altabooks.com.br

Obra disponível para venda corporativa e/ou personalizada. Para mais informações, fale com projetos@altabooks.com.br

Produção Editorial	**Produtor Editorial**	**Marketing Editorial**	**Vendas Atacado e Varejo**	**Ouvidoria**
Editora Alta Books	Juliana de Oliveira	marketing@altabooks.com.br	Daniele Fonseca	ouvidoria@altabooks.com.br
	Thiê Alves		Viviane Paiva	
Gerência Editorial		**Editor de Aquisição**	comercial@altabooks.com.br	
Anderson Vieira	**Assistente Editorial**	José Rugeri		
	Keyciane Botelho	j.rugeri@altabooks.com.br		

	Adriano Barros	Illysabelle Trajano	Livia Carvalho	Thales Silva
Equipe Editorial	Bianca Teodoro	Larissa Lima	Maria de Lourdes Borges	Thauan Gomes
	Carolinne Oliveira	Laryssa Gomes	Paulo Gomes	
	Ian Verçosa	Leandro Lacerda	Raquel Porto	

Tradução	**Copidesque**	**Revisão Gramatical**	**Diagramação**
Edite Siegert	Carolina Gaio	Ana Gabriela Dutra	Lucia Quaresma
		Hellen Suzuki	

Erratas e arquivos de apoio: No site da editora relatamos, com a devida correção, qualquer erro encontrado em nossos livros, bem como disponibilizamos arquivos de apoio se aplicáveis à obra em questão.

Acesse o site www.altabooks.com.br e procure pelo título do livro desejado para ter acesso às erratas, aos arquivos de apoio e/ou a outros conteúdos aplicáveis à obra.

Suporte Técnico: A obra é comercializada na forma em que está, sem direito a suporte técnico ou orientação pessoal/exclusiva ao leitor.

A editora não se responsabiliza pela manutenção, atualização e idioma dos sites referidos pelos autores nesta obra.

Dados Internacionais de Catalogação na Publicação (CIP) de acordo com ISBD

L693m	Li, Charlene	
	Mindset da Disrupção / Charlene Li ; traduzido por Edite Siegert. - Rio de Janeiro : Alta Books, 2019.	
	240 p. : il. ; 16cm x 23cm.	
	Tradução de: Disruption Mindset	
	Inclui índice.	
	ISBN: 978-85-508-1375-2	
	1. Administração. 2. Planejamento Estratégico. 3. Negócios. 4. Disrupção. I. Siegert, Edite. II. Título.	
2019-1767		CDD 658.4012
		CDU 65.011.4

Elaborado por Vagner Rodolfo da Silva - CRB-8/9410

ALTA BOOKS EDITORA

Rua Viúva Cláudio, 291 — Bairro Industrial do Jacaré
CEP: 20970-031 — Rio de Janeiro - RJ
Tels.: (21) 3278-8069 / 3278-8419
www.altabooks.com.br — altabooks@altabooks.com.br
www.facebook.com/altabooks

ASSOCIADO CBL Câmara Brasileira do Livro

*Dedicado com imensa gratidão
ao meu parceiro na vida e no amor, Côme Laguë.
Seu apoio inabalável me deu a confiança
e a força para viver fora de minha
zona de conforto todos os dias.*

AGRADECIMENTOS
●●●●●●●●●●●●●●●●●

Gosto de fazer listas. Mas meu problema é que as perco! Se me sentar para redigir os agradecimentos às muitas pessoas extraordinárias e generosas que tornaram este livro possível, sei que esquecerei alguém. Peço desculpas! Tenham certeza de que, se não estiverem na minha lista, estão em meu coração.

Este livro levou três anos para ser escrito. Agradeço a Mel Blake, cuja frase "os planos do disruptor" o inspirou. Rohit Bhargava, meu colega autor, e a equipe editorial da Ideapress me ajudaram a percorrer o cenário da autopublicação. (Eu não tinha ideia de que um livro não se escreve sozinho.) Agradecimentos sinceros a Genoveva Llosa, minha paciente e exigente editora, que me ajudou a descobrir a essência do que eu queria dizer e a fazê-lo com uma linguagem simples e direta. Seu conhecimento e orientação tornaram minha mistura de palavras eloquente. Bev Miller apurou o texto com sua edição para fazer a linguagem fluir para os leitores, e Briana Schweizer e Maureen Forys idealizaram e criaram um livro que atrai as pessoas por sua elegância e simplicidade.

Meus agradecimentos especiais a Nathan Bjornberg, que fez o trabalho pesado sobre análise de liderança. Seus insights e conselhos orientaram o desenvolvimento de uma ferramenta poderosa para compreender a liderança disruptiva. E meus elogios ao meu sobrinho, Joshua Li, por passar horas esmiuçando relatórios anuais a fim de reunir dados financeiros para os estudos de caso.

Agradeço às equipes da Worthy Marketing Group e da Smith Publicity por aperfeiçoarem minha estratégia de marketing e RP. De um novo site às deliberações significativas sobre o título e a capa, suas contribuições foram infinitamente valiosas para definir o livro que agora está em suas mãos.

Este livro não teria sido possível sem a generosidade das pessoas que entrevistei para escrevê-lo. Obrigada por terem ido a fundo ao me oferecer ideias e compartilhar os momentos mais vulneráveis de sua jornada de disrupção. Meus agradecimentos especiais às pessoas que me apresentaram aos entrevistados: Megan Bourne, Michael Dunn, Jeff Goudji, Scott McAllister, Marten Mickos, Rüdiger Schicht e Yaya Zhang. Obrigada por intermediarem a conexão entre minha pesquisa para o livro e sua rede de relacionamentos.

Há um lugar especial em meu coração para Kevin Eyres, Tony Fross e Sarah Meier, que enfrentaram os primeiros esboços, repletos de erros de digitação e trechos sem sentido, para me oferecer feedback e incentivo valiosos. Minha gratidão profunda a Max Scheder-Bieschin, que leu o primeiro rascunho na íntegra e apresentou feedback em um momento decisivo do desenvolvimento do livro. Todos vocês me ofereceram novas perspectivas e encorajamento muito necessários, que me arrancaram de minha caverna de escritora para ver a luz.

A Kim Harrison, Clay Hebert, Pete Longworth, Paul Pappas, Josh Reynolds, Ann Swanberg e Guryan Tighem, obrigada pelas significativas discussões sobre o livro e por me tirarem da zona de conforto. Sinceramente, meu cérebro ficou agitado e sensível depois de falar com cada um de vocês.

Aqueles que já tentaram escrever enquanto trabalham em período integral sabem como os colegas são importantes no processo. Obrigada a Michael Dunn, CEO da Prophet, e a Ted Moser, sócio principal da empresa, por criarem um ambiente de apoio que me permite ser "Corajosamente

Humana" e levar todo meu ser disruptivo para o trabalho todos os dias. Meus agradecimentos especiais a Omar Akhtar, Leslie Candy e Aubrey Littleton, que me ajudaram a equilibrar o trabalho de pesquisa e consultoria na Altimeter com pesquisas e textos para o livro. Sua insistência compassiva em relação aos prazos me ajudou a cumprir meus objetivos. Tivemos momentos difíceis, mas sempre foi divertido e gratificante passar por essa experiência com vocês.

Deixando o melhor para o final, obrigada ao meu parceiro na vida e no amor, Côme Laguë, por sua paciência enquanto eu me trancava durante dias intermináveis, saindo apenas para fazermos uma refeição rápida juntos antes de desaparecer de novo nas profundezas da minha escrita. Tenho muita sorte por ter me casado com um homem como você — alguém que me aceita com todos meus erros e defeitos, e sempre acredita que triunfarei mesmo quando meu ânimo fraqueja. Minha gratidão mais profunda por seu amor e compreensão.

SOBRE A AUTORA

Nas últimas duas décadas, Charlene Li teve a satisfação de ser escritora e analista, explorando e explicando o novo mundo e a nova sociedade criados diante de nossos olhos pelas novas tecnologias. Em 2018, o início da recessão, ela fundou o Altimeter Group, que provocou a disrupção no setor da análise dominado por empresas como a Gartner, Forrester e IDC, e que foi adquirida pela Prophet em 2015. Ela continua a trabalhar com o pessoal incrível da Prophet, ajudando a criar estratégias de crescimento disruptivo para os clientes.

Charlene é autora de cinco livros, incluindo o best-seller do *New York Times*, *Liderança Aberta*, e coautora de *Groundswell*, aclamado pela crítica. Ela aparece regularmente em veículos da mídia como *60 Minutes* e o *New York Times*, e realiza palestras em todo o mundo. Charlene está no conselho regional da YPO e é formada pelo Harvard College e Harvard Business School. Leia mais sobre ela em charleneli.com [conteúdo em inglês].

Isso é que Charlene faz. Mas ela vive, escreve e trabalha para criar o "momento Eureca", aquele momento em que as pessoas que refletiram sobre um problema desconcertante são atingidas pela compreensão e reconhecimento. Elas passam de um local confuso — onde algo está acontecendo com elas — para um local em que têm a liberdade em relação a sua situação. Ajudar líderes a dar o primeiro passo para o empoderamento e o otimismo, temperado pelo conhecimento da jornada que os espera, é o que a move.

SUMÁRIO

AGRADECIMENTOS	VII
SOBRE A AUTORA	XI
INTRODUÇÃO	1
1. O SIMPLES SEGREDO DAS ESTRATÉGIAS DISRUPTIVAS BEM-SUCEDIDAS	17
2. PREPARANDO-SE PARA O MOMENTO DA MUDANÇA RADICAL	45
3. LIDERANDO UM MOVIMENTO DISRUPTIVO	69
4. DESENVOLVENDO LÍDERES DISRUPTIVOS	99
5. PROVOCANDO A DISRUPÇÃO DE SUA CULTURA	125
6. O SISTEMA OPERACIONAL DA CULTURA DE FLUXO	157
CONCLUSÃO	193
MAIS UMA COISA	199
NOTAS	201
ÍNDICE	219

"Crescer é doloroso. Mudar é doloroso. Mas nada é tão doloroso quanto ficar preso em um lugar ao qual você não pertence."

— N. R. Narayana Murthy, cofundador da Infosys

INTRODUÇÃO

Como autora, analista e empresária no setor da tecnologia, tive a oportunidade de observar e trabalhar com muitas empresas enquanto tentavam se tornar disruptivas, mas acabavam fracassando.

Eu mesma vivenciei esse tipo de fracasso no início de minha carreira. Quando me formei na Harvard Business School, em 1993, vi a chegada da revolução da internet e quis fazer parte dela. Aceitei um emprego no *San Jose Mercury News*, um jornal no coração do Vale do Silício. Naquele ano, ele lançou o *Mercury Center*, a versão eletrônica, no AOL e, no final de 1994, foi um dos primeiros a ter presença online. Ajudei a criar nossa publicidade digital e treinei a força de vendas sindicalizada para vender anúncios.

O *Mercury News* fazia parte da Knight Ridder, na época uma das maiores editoras de jornal dos Estados Unidos. Ela criou uma organização independente — Knight Ridder Digital — para cuidar das novas necessidades do público online e aproveitar as novas oportunidades digitais.[1] Um de seus primeiros grandes projetos foi a Real Cities Network, um conjunto de guias de cidades na web associado aos jornais da companhia e destinado a dominar digitalmente o conteúdo e a publicidade em cada uma de suas cidades.

Apesar do início promissor e dos investimentos significativos nessa unidade independente, a empresa não conseguiu impulso suficiente no espaço digital. Enquanto isso, as receitas e os lucros do jornal impresso continuavam a cair. Em 2006, a Knight Ridder foi vendida em um leilão para a McClatchy Newspapers.² O que outrora foi a segunda maior cadeia de jornais do mundo deixou de existir.

A um hemisfério de distância, ocorria uma história diferente na Schibsted, o maior grupo de jornais da Noruega.³ Assim como a Knight Ridder, a empresa também previu a chegada da disrupção digital e, em 1995, comprometeu-se a seguir leitores e anunciantes em qualquer canal que desejassem. A Schibsted comprou um provedor de serviços de internet que incluía uma ferramenta de busca (semelhante ao AltaVista) e um catálogo na web (semelhante ao Yahoo!). Em 1999, deu início ao que acabaria se tornando o Finn.no, um site de classificados online e, em 2003, a Schibsted comprou o Blocket, o principal participante online da Suécia. A empresa aproveitou a oportunidade para replicar o modelo e distribuir os sites de classificados online em outros países.

Sua estratégia deu resultado: o dinheiro desses sites ajudou a incitar a expansão global das operações de mídia. Em 2018, os sites da Schibsted eram os líderes entre os mercados online em 23 países, incluindo França, Espanha, Suécia e Brasil, e representavam 47% de sua receita e 90% de seus lucros operacionais brutos.⁴ Seus principais jornais na Noruega e Suécia continuam a substituir as receitas em queda dos jornais impressos com anúncios online e assinaturas digitais, ao mesmo tempo em que aumentam sua margem operacional.

Como uma empresa de jornais da Noruega conseguiu se tornar um disruptor digital e prosperar enquanto a Knight Ridder fracassou, apesar de estar no centro do Vale do Silício e adotar as estratégias recomendadas dos principais estrategistas da época?

Simples.

A Knight Ridder abordou a disrupção pela perspectiva errada.

INTRODUÇÃO

ABORDAGEM CONTRÁRIA DA DISRUPÇÃO

Como a Knight Ridder, muitas empresas consagradas têm a disrupção como meta e esperam o crescimento decorrente. Acreditam que sua inovação causará a disrupção do mercado e impulsionará o desenvolvimento. Mas não é assim que funciona: a disrupção não cria crescimento; é o crescimento que cria disrupção.

A maioria dos esforços de inovação fracassa porque foca o desenvolvimento de inovações sem refletir se e como gerarão crescimento e mudança. Os centros ou grupos de inovação independentes destinados a liderar esses esforços raramente podem fazer as escolhas difíceis que levam à transformação disruptiva: como apostaremos no cliente da próxima geração em vez de no cliente atual, estável e confiável, para promover o futuro da empresa? Como trocaremos o modelo de negócios atual por outro totalmente novo? Eles também não conseguem lidar com as reações conturbadas das pessoas a essas decisões — nem com a intensa transformação cultural que exigem.

Crescer sempre é difícil. Crescer de modo inovador é ainda mais. É disruptivo exatamente por alterar o equilíbrio de poder das relações estabelecidas — entre clientes e empresas, participantes do setor, pessoas e departamentos de uma organização. O crescimento desafia nossa ligação com fontes de receita e clientes comprovados, ao mesmo tempo em que estimula nossas ambições de descobrir clientes e fluxos de receita novos.

Por exemplo, inovações disruptivas em e-commerce alteram o relacionamento entre organizações e clientes, oferecendo mais escolhas e poder para as pessoas comprarem em novos concorrentes, como Etsy e a varejista de óculos Warby Parker. Modelos de negócios disruptivos mudam o ecossistema empresarial ao transferir poder de participantes tradicionais, como o setor de táxis, para novas plataformas, como Uber e GoJek, na Indonésia. Ferramentas de comunicação disruptivas, como plataformas de colaboração social e de videoconferências, como Slack e Skype, alteram os relacionamentos nas organizações, visto que empregados de linha de frente podem conversar diretamente com altos executivos por canais digitais sem a intervenção da média gerência.

Essas mudanças de poder são profundamente inquietantes — não apenas do ponto de vista do modelo empresarial, mas também do psicológico. É aqui que ocorre a "disrupção": nosso mundo seguro e conhecido é virado de cabeça para baixo. *A transformação disruptiva é muito difícil, porque abala o status quo e altera as relações de poder.* Ela exige que não nos acomodemos com o presente já estruturado e, em vez disso, aceitemos o compromisso de buscar um futuro radicalmente diferente — e melhor.

A Knight Ridder fracassou porque não previu e não enfrentou a instabilidade proveniente dessas mudanças de poder na organização. Ela criou uma unidade independente para provocar a "disrupção" no espaço de notícias online, mas sem criar uma estratégia significativa para o modo como essas inovações impulsionariam o crescimento no restante da empresa. Basicamente, colocou o medo e a disrupção em quarentena. Os poderosos editores de jornais locais estavam acostumados a administrar seus domínios de modo independente. Contudo, sem uma visão clara de como essas inovações digitais desenvolveriam e aumentariam sua fatia do mercado no futuro, eles se negaram a apoiar uma iniciativa corporativa digital que distraía a equipe editorial e de vendas e a afastava do que era um negócio impresso lucrativo na época. No final, a Knight Ridder não conseguiu vencer os editores beligerantes. Nem as melhores inovações do mundo a teriam salvado.

O principal objetivo de *Mindset da Disrupção* é ajudá-lo a evitar o destino da Knight Ridder, Blockbuster, Sears e dezenas de outras empresas. É um auxílio para que você deixe de falar sobre "disrupção" de forma pensativa e vaga, e faça da transformação disruptiva e do crescimento exponencial — e aceite a dinâmica de poder conturbada e emocional que a acompanha — parte de seu cotidiano.

INTRODUÇÃO

O QUE É TRANSFORMAÇÃO DISRUPTIVA?

A palavra *disrupção* tem sido mal empregada e interpretada nas últimas décadas. Antes de falarmos sobre o que *é* transformação disruptiva e como aproveitá-la, vamos esclarecer o que ela *não é*.

Não é só inovação. Inovação é fácil. Disrupção é difícil. Muitas empresas querem que a inovação seja um processo cuidadosamente administrado com um mínimo de disrupção ao *status quo*. Certa vez, participei de um "comitê de inovação" que só aprovava projetos com um retorno nos investimentos em seis meses, o que garantia que qualquer iniciativa aprovada exerceria um impacto mínimo. A inovação é o botão de "soneca" da estratégia corporativa, empurrando decisões difíceis para o futuro. Não se conforme apenas com a inovação.

Não se trata de tecnologia. Sempre me pedem para falar sobre a inovação disruptiva que causará a disrupção do setor (preencha como quiser). Explico a esses clientes que raramente é uma nova tecnologia que cria disrupção, mas, sim, a aplicação de tecnologias existentes de novas maneiras. A Uber, por exemplo, era um app simples que conectava motoristas e passageiros, transformando a experiência do cliente com o rastreamento por GPS e pagamento em uma conta integrada. Embora todas essas tecnologias existissem há anos, reuni-las foi único e disruptivo.

Nem sempre é rápida e imprevisível. A disrupção é um processo lento.[5] O Napster foi lançado em 2000, quando o setor das gravadoras musicais tinha uma receita de US$23,4 bilhões. Dois anos depois, o setor decresceu, mas somente para US$21,9 bilhões.[6] O Napster mudou para sempre o modo como compartilhamos e ouvimos música; mas ele, e a mudança que introduziu, não prejudicou a indústria de um dia para o outro. O problema foi a reação lenta das empresas estabelecidas que foram desafiadas. Em vez de fazer algo sobre a disrupção iminente, elas desperdiçaram seus poucos anos de experiência.

Não é apenas para startups. A descrição clássica de uma empresa disruptiva é a de uma startup que desafia companhias consagradas. Entretanto, argumenta-se que as empresas mais disruptivas no planeta são também as maiores: Amazon, Apple, Facebook e Google. Igual a elas, as organizações estabelecidas dispõem de relacionamentos com clientes, escala e dinheiro para criar disrupções significativas — mas apenas se deixarem de se impedir.

Assim, o que *é* transformação disruptiva? Defino *transformação* como o "processo de mudar de um estado a outro". Você pode passar por ele de uma forma gradativa e incremental, o que causa o menor desconforto possível. Ou pode enfrentá-lo de frente e suportar o estresse e a tensão da mudança, a fim de captar as oportunidades criadas mais depressa e mais cedo. Neste livro, foco este último porque há muito em jogo, problemas e questões demais a serem resolvidas para que se escolha o caminho lento. E, sinceramente, se avançar no ritmo determinado por sua zona de conforto, será deixado para trás pelos clientes e pelo mercado.

Se você passar pelo *processo* da transformação disruptiva, o resultado é o que faz a jornada valer a pena: crescimento exponencial. Quero esclarecer que uso uma definição de *crescimento* ampla. Enquanto as empresas medem o crescimento em relação à receita e lucro, uma escola o mediria de modo diferente, talvez em termos de mais oportunidades e opções para os alunos. Uma organização sem fins lucrativos definiria crescimento como a melhor e mais rápida forma de cumprir sua missão, e uma organização religiosa o encararia em um contexto espiritual.

A "disrupção" foi reduzida aos mitos simplistas que mencionei porque, na verdade, está longe de ser simples. A transformação disruptiva é complicada e imprecisa. Ela é mais do que apenas o mix perfeito de produtos, timing e estratégia. Ela requer a transformação de toda a organização e sua cultura, e isso começa pelo mindset e comportamento da equipe de liderança.

INTRODUÇÃO

OS TRÊS ELEMENTOS DA TRANSFORMAÇÃO DISRUPTIVA

Ao longo dos anos, vi algumas organizações vencerem as dificuldades apesar das condições adversas e terem êxito em se tornarem disruptivas. Suas jornadas têm um ponto em comum: em vez de fugir da assustadora tarefa de se transformar, a transformação disruptiva permeia todos os aspectos da organização e está na pauta diária. A disrupção não tira folga.

Minha pesquisa revelou três elementos comuns às organizações que prosperaram com a disrupção, os quais descrevo neste livro. Esses elementos não só definiram as táticas dessas organizações para se tornarem disruptivas — também as ajudaram a gerenciar questões humanas, emocionais e psicológicas que surgiram durante a execução de sua estratégia. Com tantas incertezas e tantos fatores desconhecidos enfrentados por essas empresas estabelecidas, os três elementos forneceram uma base para suas estratégias de crescimento. Aqui está um resumo de cada elemento.

Elemento nº 1: Uma Estratégia Inspirada por Futuros Clientes para Tomar Decisões Radicais

É preciso uma estratégia para criar uma transformação disruptiva — um plano do que vai ou não fazer para atingir seu objetivo, porque você pode fazer qualquer coisa, mas não tudo. Certa vez, Wayne Gretzky, o lendário jogador de hóquei no gelo, disse: "Deslizo para onde o disco estará, não para onde esteve." Uma estratégia de transformação disruptiva requer que você vire as costas para onde o disco está hoje — seus clientes atuais, seu tamanho e lucratividade atraentes — e preveja onde estará no futuro, onde estarão o potencial de crescimento e o valor. Clientes sempre se movem com mais rapidez do que as organizações que os perseguem.

As implicações para a organização são enormes e mudam tudo. O que falta à maioria não são ideias estratégicas, mas a capacidade de superar o interesse próprio dos departamentos em lutar por algo que valha a dura jornada que os espera. As organizações fracassam em atingir a disrupção porque não se comprometem totalmente com uma estratégia centrada em atender aos futuros clientes; elas pegam atalhos em vez de enfrentar o caminho mais longo repleto de receios e dificuldades que essa estratégia causará.

Por outro lado, organizações disruptivas focam as necessidades de futuros clientes para promover seu crescimento, colocando a estratégia acima de batalhas departamentais e divergências tecnológicas. As organizações descritas neste livro gastam tempo e recursos na pesquisa e compreensão das necessidades não atendidas e não expressas de pessoas a que atenderão no futuro. Elas projetaram esses clientes da próxima geração e criaram uma visão de como poderiam servi-los. E certificaram-se de que a organização e sua estratégia ficassem alinhadas com essa visão.

Um exemplo é a T-Mobile. Ela poderia ter seguido a estratégia existente de entrar na concorrência de cobertura de rede e promoções de preço. Em vez disso, concentrou-se nas frustrações não expressas e não atendidas de clientes de telefonia móvel com sua estratégia "Un-Carrier" [Não Operadora, em tradução livre], que dobrou a receita em cinco anos para US$40 bilhões e mudou aspectos financeiros dos concorrentes AT&T e Verizon. A estratégia Un-Carrier — com o ponto central de se livrar do contrato padrão de dois anos — foi mais do que uma campanha de branding. A T-Mobile teve que mudar tudo, da forma de atender ao telefone à de oferecer incentivos aos vendedores.

Outro exemplo é a Adobe. Em 2011, a gigante dos softwares constatou que o aumento da receita de seu carro-chefe, o Adobe Creative Suite, fora causado pelo aumento dos preços, não de clientes. Seus líderes tomaram a desconfortável decisão de abandonar softwares caros com licença vitalícia em prol dos baseados na nuvem com assinaturas mais baixas, para atrair novos clientes. Eles sabiam que essa mudança no modelo de negócios provocaria uma queda significativa, mas temporária, na receita e nos lucros, de 24 a 36 meses — um golpe potencialmente fatal para uma empresa de capital aberto. Também sabiam que tudo na empresa teria que mudar, do desenvolvimento de produtos ao atendimento ao cliente.

A aposta deu resultados positivos. Em 2012, a receita da Adobe foi de US$4,4 bilhões, e os lucros líquidos atingiram US$833 milhões. Em 2018, a receita tinha aumentado para US$9 bilhões, e os lucros líquidos, para US$2,8 bilhões, um aumento maior que o dobro na receita e o triplo nos lucros líquidos em sete anos. Além disso, o preço de suas ações aumentou sete vezes. O que permitiu à Adobe fazer essa jogada ousada — e disruptiva — foi o foco absoluto no atendimento das necessidades de futuros clientes.

Neste livro, você verá que organizações como a T-Mobile e a Adobe se tornaram disruptivas alinhando-se com a parte mais dinâmica de seu ecossistema, a fim de criar uma visão e um propósito — um "porquê" que todos na organização podem entender e, mais importante, acreditar: crescimento. O crescimento é o elixir mágico que alivia a alma da empresa que passa pelo processo de disrupção, agindo como amortecedor nessa difícil jornada.

No Capítulo 1, examinarei a fundo a história da T-Mobile e mostrarei como montar sua estratégia com base em seus futuros clientes — da identificação ao alinhamento da estratégia. No Capítulo 2, explicarei como a Adobe se preparou para tomar as decisões altamente difíceis, controversas e radicais que estão no centro das estratégias de transformação disruptiva — e como você e sua organização podem fazer o mesmo.

Elemento nº 2: Liderança que Cria um Movimento de Disruptores

Criar e manter o crescimento inovador sustentável é um trabalho extenuante, mas alguém precisa fazê-lo. Líderes criam mudança e cultivam ambientes em que ela possa prosperar.[7] Contudo, a mudança disruptiva, devido às grandes transformações que acarreta, exige um tipo especial de liderança. Ela exige que os líderes criem sistematicamente um movimento para atingir a condição desejada.

Se a visão dessa condição é a pederneira, o movimento é o combustível que mantém o fogo aceso. Haverá momentos em que a estrada à frente estará repleta de pedras. Fazer parte de um movimento sustenta e estimula as pessoas a encontrar formas de superar obstáculos. Quando se é parte de algo maior, a dor e o desconforto são colocados de lado em prol do coletivo.

Pense no Dr. Martin Luther King Jr. e em outros defensores de direitos civis dos anos 1960. Quando o Dr. King proferiu seu famoso discurso "Eu Tenho um Sonho", pintou com traços vigorosos o que na época parecia um futuro inimaginável. Ele sabia dos gigantescos desafios que as pessoas reunidas no National Mall, em Washington, D.C., em agosto de 1963, enfrentavam e que o movimento dos direitos civis precisaria ser estimulado por anos. Mas ele não parou ali. Quando o Dr. King desceu do palanque, ele e outros líderes de movimentos de direitos civis destacaram-se na organização, estruturação e empoderamento de milhares de outros líderes para agir em suas comunidades.

Como o Dr. King, os líderes disruptivos entrevistados neste livro mostram duas características necessárias para criar um movimento. Primeiro, desenvolvem o que chamo de "mindset aberto à mudança", ou seja, ficam à vontade com a incerteza e não têm receio de tentar coisas novas. Segundo, desenvolvem comportamentos de liderança que fortalecem e inspiram seguidores — criam uma coligação de pessoas-chave para fazer acontecer e as empoderam para tentar novas abordagens em seu trabalho.

Para entender esses mindsets e comportamentos, pesquisei 1.087 líderes nos Estados Unidos, no Reino Unido, na Alemanha, na China e no Brasil. Pedi que avaliassem o quanto de mudança disruptiva eram capazes de conduzir e que se classificassem em relação a alguns dos principais comportamentos e mindsets necessários para liderar a disrupção. Minhas descobertas revelaram que ser disruptivo não é um desejo unânime: o desejo dos líderes de mudar o *status quo* varia. Para descrever as várias formas como a disrupção se manifesta, criei quatro arquétipos de líderes disruptivos: Gerentes Firmes, Realistas Otimistas, Céticos Preocupados e Agentes Provocadores.

No Capítulo 3, descrevo em detalhes como criar um movimento — de redigir o manifesto para a mudança a liderá-la na era digital. Mostro como dois líderes muito diferentes — Michael Osheowitz, fundador da SEO, uma organização sem fins lucrativos, e John Legere, CEO da T-Mobile — deflagraram movimentos para fazer com que todos dentro e fora de suas organizações investissem em suas estratégias de transformação disruptiva. No Capítulo 4, analisaremos a fundo os quatro arquétipos de líderes disruptivos e exploraremos as melhores práticas para que você e os líderes de sua organização desenvolvam características e comportamentos fundamentais.

Elemento nº 3: A Cultura que Prospera com a Disrupção

Você pode dispor da melhor estratégia "focada no futuro cliente" e de uma liderança inspirada e disruptiva, e ainda dar de cara no chão. Por quê? Se você é como a maioria das empresas estabelecidas do mercado, sua cultura visa sustentar o *status quo*, e não criar um crescimento disruptivo. A cultura é formada pelos inúmeros hábitos de trabalho em conjunto, compartilhamento de informações, tomada de decisões, cumprimento de tarefas, e recompensas e punições. Ela orienta e influencia atitudes, crenças, comportamentos e ações. Transmite, de formas sutis, o que a organização valoriza e prioriza.

Para pôr em prática sua estratégia de crescimento disruptivo, é necessária uma cultura que prospera no limite da disrupção — uma em que todos estejam focados e ajam em parceria diariamente para que a transformação aconteça. O problema para a maioria é que a cultura leva anos para ser assimilada e é muito difícil de ser mudada. Disseram-me que mudar uma cultura é como tentar virar um porta-aviões.

Tive o privilégio de estar em um porta-aviões.[8] Visitei o U.S.S. *Nimitz* perto do final do processo de treinamento de 6 meses da tripulação no que era chamado de dia de treinamento de "onda", um exercício destinado a testar os limites dos 5 mil novos tripulantes. O navio avançava em velocidade máxima com 100 aviões decolando na proa e aterrissando na popa a cada hora. Os navios de suprimentos navegavam a seu lado com cordas finas ligando-os ao porta-aviões para reposição de alimentos e combustível, uma das mais perigosas manobras navais. Qualquer erro causaria um desastre.

Em meio a essa intensa atividade, o capitão proferiu um comando para virar o navio. Devagar e com cuidado, a embarcação, os aviões e os navios de apoio viraram em sincronia. O navio levou 10 minutos para virar, mas concluiu a manobra. Não havia como a tripulação (a maioria com cerca de 18 anos) realizar a tarefa no início do treinamento de 6 meses. Mas o capitão ensinou, treinou e a fez ultrapassar seus limites ao ponto de ter a total confiança de que, quando recebesse a ordem, o navio viraria.

Você já tentou fazer com que um adolescente ou jovem adulto, o que dirá 5 mil, faça algo exatamente do jeito que você quer? Se tentou, entende a grandiosidade do desafio desse capitão. Esse é o mesmo desafio enfrentado pelas organizações quando tentam mudar sua cultura. Todavia, assim como o navio virou, a cultura de uma empresa pode mudar.

As organizações descritas neste livro mudaram sistematicamente aspectos de sua cultura para que seus funcionários continuassem focados no objetivo principal: criar uma transformação disruptiva e valor para futuros clientes. Para tanto, examinaram e reformularam as crenças centrais que definem quem são e as práticas subjacentes que as representam. Em muitos casos, usaram tecnologias digitais para iniciar, apoiar e medir a mudança na cultura. Não se engane: as mudanças pelas quais essas organizações passaram foram estressantes e altamente controversas. Elas tiveram que descartar crenças valiosas enquanto adotavam novas práticas e procedimentos que expuseram fraquezas em seu talento e liderança.

No Capítulo 5, destaco as três crenças — abertura, liberdade e ação — que transformam organizações de "culturas de inércia", imobilizadas pelo *status quo*, em "culturas fluidas", capazes de prosperar com a disrupção. E, no Capítulo 6, explico como criar seu sistema de cultura operacional — a estrutura e os processos, bem como histórias, símbolos, rituais e tradições que as pessoas compartilham — para levar uma cultura fluida para sua organização.

Nesses capítulos, conto a história da Adobe, do Banco ING, da McKinsey, da Nokia, da T-Mobile, da Southern New Hampshire University e outras organizações nas quais as três capacidades de transformação disruptiva estão em sincronia e possibilitam o crescimento inovador. Embora o sucesso dessas companhias deva ser comemorado, vale lembrar que a maioria das organizações não permanece disruptiva por muito tempo. Quase todas cairão do pedestal, e é provável que as empresas apresentadas neste livro não sejam exceção. Apenas algumas — como a Southwest Airlines, que tem apresentado lucro há 46 anos *consecutivos* — dominaram a arte da transformação disruptiva sustentável durante décadas.

CRIANDO UMA ESTRATÉGIA DE TRANSFORMAÇÃO DISRUPTIVA

Criar uma transformação disruptiva é um ato heroico baseado na crença audaciosa de que você e sua organização podem descobrir não só jogadas estratégicas para pôr em prática, mas também como se conduzir pelo confuso lado humano da mudança. Encorajo-o a começar essa jornada agora. E a melhor forma de fazê-lo é sabendo onde você está começando e para onde está indo.

Um exercício super-rápido ajuda: classifique a capacidade atual de sua empresa de ser disruptiva — de desafiar o *status quo* para mudar a situação — em sua estratégia, liderança e cultura em uma escala de 1 (nem um pouco disruptiva) a 10 (extremamente). Não pense demais; apenas escreva um número para cada elemento e calcule a média.

_____ Uma estratégia inspirada por futuros clientes para tomar decisões radicais

_____ Liderança que cria um movimento de disruptores

_____ Uma cultura que prospera com a disrupção

_____ Total

_____ **Média** (Total/3): o quociente de disrupção de sua organização

Anote o quociente de disrupção de sua organização (QDO). Semelhante a um teste de QI, o QDO é um indicador de quanto crescimento inovador disruptivo sua organização é capaz de criar. Porém, ao contrário da pontuação de um QI, você *pode* mudar seu QDO.

É importante observar que a meta aqui não é necessariamente obter um QDO perfeito com uma pontuação "10". Talvez você esteja em um setor que não exige um alto grau de disrupção. Se a maioria das organizações em seu setor tem um QDO de 3, então uma pontuação de 4 pode ser suficiente para encontrar e garantir o crescimento de seus futuros clientes. Mas talvez você seja vulnerável a outra organização que pretende operar ao nível de um QDO de 5. O mais importante é perguntar quanta disrupção você e sua empresa podem criar e sustentar ao longo do tempo. Isso é essencial para sua estratégia de transformação disruptiva.

COMECE COM O FIM EM MENTE

Espero que as histórias deste livro o ajudem a se manter focado no motivo pelo qual você, em primeiro lugar, quer se tornar um disruptor: desafiar o *status quo* e melhorar a situação vigente. Quando fundei a Altimeter, em 2008, abalamos o *status quo* do setor de analistas com um modelo de negócios que disponibilizou a pesquisa inovadora gratuitamente quando todos os demais cobravam um preço significativo pela assinatura.[9] Queríamos atingir mais pessoas com pesquisas abertas para ajudar líderes a prosperar com a disrupção. Construir um negócio disruptivo para depois vendê-lo foi difícil, mas focar o impacto no público nos manteve centrados e permitiu que avançássemos com nossa estratégia de disrupção.

Haverá momentos em que o caminho à frente estará iluminado pelo que parece ser uma lanterna na escuridão. Haverá momentos em que você questionará o caminho escolhido. E haverá momentos em que todo o mundo parecerá conspirar contra você. Use esses contratempos como oportunidades para aprender. Sua visão do futuro lhe proporcionará alívio, inspiração e força para continuar. Nunca deixe de acreditar que suas ações no momento valem a dor e a confusão — o caminho natural da disrupção. Desejo-lhe grande sucesso ao sustentar seu mindset da disrupção e alcançar a transformação de seus sonhos.

"Deslizo para onde o disco estará, não para onde esteve."

— Wayne Gretzky, o maior jogador de hóquei de todos os tempos

CAPÍTULO 1

O SIMPLES SEGREDO DAS ESTRATÉGIAS DISRUPTIVAS BEM-SUCEDIDAS

Se aprendi algo em duas décadas como analista de negócios e tecnologia foi que raramente novas tecnologias geram crescimento inovador. O Google e o Facebook não lançaram o buscador ou a rede social, seus produtos foram iterações de tecnologias de terceira geração.[10] A Uber não criou nenhuma tecnologia, mas desenvolveu um uso para o serviço de localização. O crescimento inovador surgiu da habilidade excepcional de vislumbrar o futuro e usar todos os recursos da empresa nesse sentido.

Para a maioria das empresas estabelecidas, há apenas um problema: os clientes já existentes, conhecidos e lucrativos. Os clientes atuais parecem ótimos. Por que raios você os descartaria para perseguir outros, principalmente sem saber se realmente existem? Não, não, dizem os executivos. É muito melhor e mais seguro continuar com o que você conhece.

Essa lógica do *status quo* é o maior obstáculo para o crescimento inovador, pois ele dificilmente virá dos clientes atuais. O crescimento disruptivo e exponencial vem apenas dos clientes do futuro. Um executivo comparou a abordagem do *status quo* a dirigir olhando somente para os retrovisores.

Ninguém jamais dirigiria dessa forma, mas é assim que a maioria das empresas é gerenciada. Isso ocorre porque fomos treinados para nos dedicar e atender a nossos melhores clientes. Contudo, isso condena os esforços de disrupção ao fracasso. Enquanto os empresários se ocupam mantendo os "melhores" clientes satisfeitos, os menos lucrativos — ainda assim, emergentes — são conquistados pelos concorrentes e novatos do mercado.

Esse é o dilema do inovador, identificado por Clay Christensen, professor da Harvard Business School: a incapacidade de desistir dos lucros conhecidos e fáceis provenientes dos melhores clientes para perseguir clientes menos lucrativos com novos produtos e inovações.[11] Muitas pessoas sagazes como Christensen advertem que essa influência é poderosa e até concluem que, por causa dela, uma organização estabelecida nunca será realmente disruptiva. Ainda assim, vejo organizações se tornando disruptivas o tempo todo.

Para organizações estabelecidas que querem se tornar disruptivas, o caminho é romper o controle total que os "melhores" clientes lucrativos exercem sobre o mindset da empresa. A organização precisa ver esses "melhores" clientes como passageiros e vulneráveis às mudanças do mercado. É fundamental satisfazer suas expectativas e atendê-los bem. Mas o crescimento futuro está em outro lugar — e você precisa se planejar adequadamente.

Veremos a seguir como uma empresa adotou a visão de buscar novos clientes no cerne de sua estratégia.

COMO A T-MOBILE CAUSOU A DISRUPÇÃO DO SETOR DE TELEFONIA MÓVEL

No final de 2011, a T-Mobile se viu em um impasse. A fusão prevista com a AT&T foi anulada por questões de monopólio. Como a quarta operadora de telefonia móvel nos EUA, havia poucas opções de crescimento orgânico e sustentável (veja a Figura 1.1).[12] No mesmo ano, a T-Mobile perdeu US$4,7 bilhões em US$20,6 bilhões de receita.[13] Houve uma notícia animadora: a anulação da fusão rendeu uma multa por desistência de US$3 bilhões.[14] Porém o que a AT&T deveria fazer com o dinheiro? O que seus líderes fariam para estimular o crescimento?

Fig. 1.1 Receitas de Dispositivos sem Fio Geradas por Grandes Provedores de Telecomunicações nos EUA em 2011

OPERADORA	RECEITAS 2011
Verizon	US$70,2 bilhões
AT&T	US$63,2 bilhões
Sprint	US$27,4 bilhões
T-Mobile	US$20,6 bilhões

Fonte: Statistia

A tarefa de responder a essas perguntas foi gigantesca e coube a Andrew Sherrard, na época vice-presidente sênior de marketing da T-Mobile e, depois, CMO.[15] A empresa estava perdendo muitos assinantes, não tinha o iPhone, da Apple, e estava atrás no lançamento de tecnologias de rede, como a 4G LTE. Além disso, a empresa estava desmoralizada e letárgica devido à falha na fusão, e precisava de um impulso com uma estratégia de crescimento agressiva. Em desvantagem, ela estava disposta a arriscar tudo e tinha a liberdade de tomar algumas medidas radicais. Ela viu a oportunidade de trocar o mindset defensivo por um ofensivo.

Em janeiro de 2012, Sherrard começou a pesquisar alternativas para a T-Mobile. Compreender as necessidades dos clientes como forma de encontrar uma brecha no cenário competitivo foi essencial a essa tarefa.[16] Não ficou imediatamente óbvio o que eles deveriam fazer, e, na verdade, várias opções davam a impressão de que a empresa poderia obter bons resultados sem uma mudança de rumo radical. "Poderíamos ser a marca urbana, ou nos tornar líderes de preço", contou Sherrard. "Mas nenhuma opção parecia ter capacidade de realmente mudar muito a nossa sorte."

Sherrard e sua equipe sempre voltavam à ideia de serem defensores do cliente em uma categoria que historicamente os ignorou. Os clientes estavam cansados de contratos inescrutáveis que os prendiam por anos e reduziam a possibilidade de mudar para outra operadora. Assim, a T-Mobile decidiu criar transparência e confiança junto aos clientes ao eliminar o contrato tradicional de dois anos, separando o custo dos aparelhos das taxas de serviço mensais.

"Esse tornou-se nosso mantra", lembra Sherrard. "Seríamos as pessoas que, de fato, ouviam os clientes em uma categoria notoriamente ruim em ajudar os clientes." A sabedoria convencional diz que clientes escolhem a operadora de celular com base na qualidade da rede e no preço. Com uma rede muito menor, a T-Mobile apostava que os clientes escolheriam um relacionamento melhor, em detrimento de tamanho e qualidade da rede.

Essa foi uma medida radical e arriscada. Eliminar a fidelização de dois anos deixou seus clientes vulneráveis ao ataque da concorrência. Sherrard e sua equipe não sabiam se os melhores clientes da AT&T e Verizon se arriscariam a desertar para a T-Mobile e uma rede inferior. Será que a empresa conquistaria somente os clientes menos lucrativos das demais operadoras?

"Vínhamos analisando essas ideias há um tempo, mas elas pareciam muito radicais e assustadoras", disse Sherrard. "Não tínhamos convicção para testá-las dessa forma holística." O que os convenceu a arriscar foi a ampla pesquisa com clientes realizada e o modelo financeiro que mostrou que poderiam convencer os melhores (e mais insatisfeitos) clientes da AT&T a fazer a troca. De fato, parecia que os clientes estavam cansados das operadoras de telefonia móvel tradicionais. Mesmo assim, a estratégia causou muita apreensão na T-Mobile. Sherrard lembra que um executivo lhe disse: "Sei que temos que saltar do penhasco e cair no rio. Só quero ter certeza de que há água lá embaixo."

Tudo isso mudou quando John Legere se juntou à T-Mobile como o novo CEO, em setembro de 2012. A equipe de Sherrard tinha planejado lançar o novo plano de preços em agosto de 2013. Legere pediu à equipe que o antecipasse para março, seis meses antes do planejado. "Acho que não podemos esperar tanto", Sherrard se lembra de Legere dizer.

Agora, a T-Mobile tinha um objetivo — um propósito — que alinhou e focou a organização ao redor do crescimento e preocupação com o cliente. "Tornou-se um aspecto que vivemos todos os dias, todas as semanas, todos os meses e todos os trimestres", contou Sherrard. "Como promover seu crescimento? Como pagaremos esse crescimento? O que mais precisamos fazer para gerar economia e alavancar mais crescimento? Temos produtos novos suficientes sendo criados para fomentar o crescimento que a empresa quer atingir?"

Em março de 2013, a T-Mobile divulgou o rebranding "Un-carrier" com a oferta de um "serviço sem contrato". Três meses depois, completou a medida com uma oferta que possibilitava upgrades antecipados de aparelhos. A cada três meses, era lançada uma oferta dirigida a outro problema dos clientes — o que também impulsionava o ciclo de novidades. A T-Mobile planejou o lançamento de um produto ou serviço todo trimestre pelos próximos dois anos (veja a Figura 1.2).[17] "Foi exaustivo", lembra Sherrard. "Simplesmente avançamos e promovemos muito crescimento naqueles dois primeiros anos. Eliminamos os pontos problemáticos para os clientes e conquistamos seus corações e mentes."

Fig. 1.2 Marcos da Implementação do Un-carrier, da T-Mobile, 2013-2016

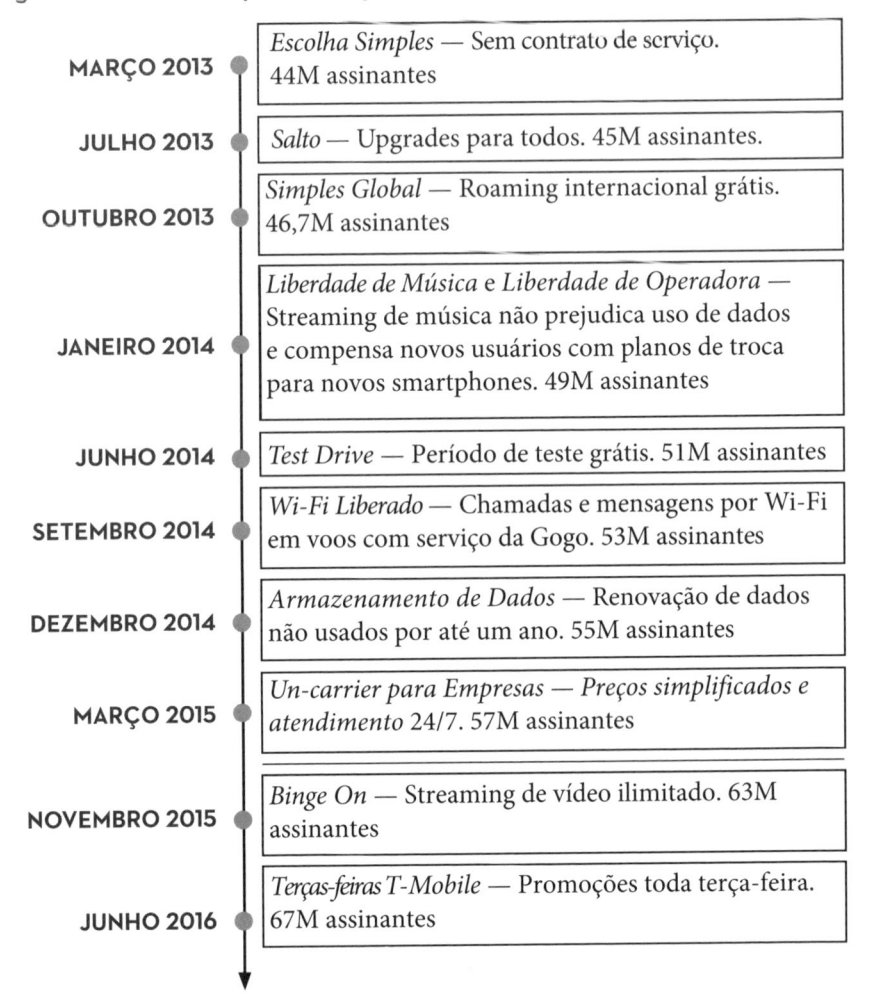

MARÇO 2013	*Escolha Simples* — Sem contrato de serviço. 44M assinantes
JULHO 2013	*Salto* — Upgrades para todos. 45M assinantes.
OUTUBRO 2013	*Simples Global* — Roaming internacional grátis. 46,7M assinantes
JANEIRO 2014	*Liberdade de Música* e *Liberdade de Operadora* — Streaming de música não prejudica uso de dados e compensa novos usuários com planos de troca para novos smartphones. 49M assinantes
JUNHO 2014	*Test Drive* — Período de teste grátis. 51M assinantes
SETEMBRO 2014	*Wi-Fi Liberado* — Chamadas e mensagens por Wi-Fi em voos com serviço da Gogo. 53M assinantes
DEZEMBRO 2014	*Armazenamento de Dados* — Renovação de dados não usados por até um ano. 55M assinantes
MARÇO 2015	*Un-carrier para Empresas* — Preços simplificados e atendimento 24/7. 57M assinantes
NOVEMBRO 2015	*Binge On* — Streaming de vídeo ilimitado. 63M assinantes
JUNHO 2016	*Terças-feiras T-Mobile* — Promoções toda terça-feira. 67M assinantes

Fonte: Statistia

O resultado foi um crescimento disruptivo. Em 2011, a T-Mobile teve uma receita de US$20,1 bilhões e, em 2018, de U$43,3 bilhões, mais que o dobro, uma taxa de crescimento anual composta de 11% (veja a Figura 1.3).[18] Em comparação, a receita de dispositivos sem fio da Verizon e da AT&T cresceu apenas 3,9% e 1,7%, respectivamente, enquanto a da Sprint diminuiu 3%.[19] Como resultado, a T-Mobile aumentou sua participação no mercado norte-americano sem fio de 10% no final de 2012 para 19% no final de 2018.

Fig. 1.3 Receita Gerada pelos Maiores Provedores de Telecomunicações sem Fio dos EUA, 2011-2017 (em bilhões de dólares norte-americanos)

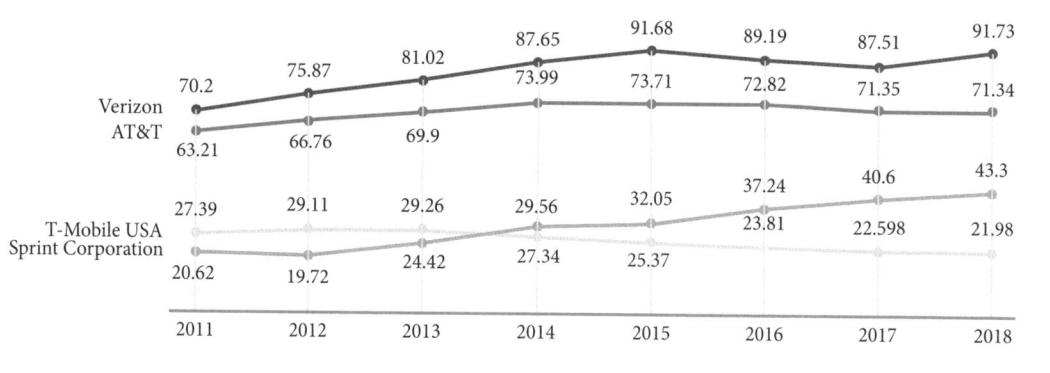

	2011	2012	2013	2014	2015	2016	2017	2018
Verizon	70.2	75.87	81.02	87.65	91.68	89.19	87.51	91.73
AT&T	63.21	66.76	69.9	73.99	73.71	72.82	71.35	71.34
T-Mobile USA	27.39	29.11	29.26	29.56	32.05	37.24	40.6	43.3
Sprint Corporation	20.62	19.72	24.42	27.34	25.37	23.81	22.598	21.98

Fonte: Statistia; Relatórios anuais da AT&T, Sprint, T-Mobile e Verizon

E a T-Mobile completou o ciclo. Sua estratégia sucedeu sua aquisição fracassada pela AT&T. Em 29 de abril de 2018, a T-Mobile anunciou a aquisição da Sprint Corporation.[20] Embora ainda houvesse várias questões regulatórias no momento de escrita deste livro, a transação é uma indicação da rapidez e do quanto as perspectivas da T-Mobile mudaram em poucos anos.

O crescimento da T-Mobile se baseou no mindset inovador disruptivo clássico, focado nas necessidades dos clientes. No centro dessa estratégia não se viu uma nova tecnologia brilhante; a T-Mobile inovou com um modelo de preços simples, mas poderoso, que desafiou as práticas do setor.

Contudo, a estratégia da T-Mobile também divergiu da disrupção clássica em dois aspectos. Primeiro, desafiou a crença de que as empresas estabelecidas são incapazes de mudar radicalmente o núcleo do negócio com a rapidez necessária para atender às necessidades de novos clientes. A T-Mobile não só mudou o modelo de preços; renovou cada aspecto de seu negócio de US$20 bilhões para se tornar Un-carrier. Segundo, não só procurou os clientes menos lucrativos de outras operadoras. Sua estratégia era um forte ataque aos líderes, principalmente à AT&T, que tinha o mesmo tipo de rede, facilitando a migração dos assinantes. Como resultado, a T-Mobile não só promoveu o crescimento mais depressa do que os concorrentes, também causou a disrupção do setor da telefonia sem fio nos EUA, apesar de ocupar o quarto lugar e ser menor que os líderes, AT&T e Verizon.

A abordagem "sem contrato" da T-Mobile evidenciou as práticas não tão favoráveis aos clientes das demais operadoras e obrigou todo o setor a mudar. Uma a uma, elas eliminaram a fidelização, sendo que a AT&T foi a última das quatro maiores operadoras a desistir dos contratos no início de 2016. Hoje, os norte-americanos consideram naturais aspectos como ausência de contratos, streaming de música e filmes gratuito, e a capacidade de fazer um upgrade nos telefones quando quiserem.

Pode ser tentador ignorar as conquistas da T-Mobile. Considerando seu quarto lugar no setor, ela não tinha nada a perder, então por que não arriscar? Mas a implacável atração do conhecido, do *status quo*, é tão poderosa que, dia após dia, a maioria dos líderes de empresas que podem seguir um caminho semelhante ao da T-Mobile se negam a fazê-lo. A T-Mobile tornou a visão do futuro cliente tão atraente e real que seus líderes não tiveram escolha se não segui-la. É uma diferença sutil, mas importante: o mindset disruptivo move os líderes e as organizações não por medo ou fraqueza, mas por causa de um ponto de vista de oportunidades e confiança.

QUEM É SEU FUTURO CLIENTE?

Como líderes empresariais, aprendemos a incluir certeza e viabilidade em nossos planos e estratégias de negócios, pois somos recompensados por excelência operacional. Analisamos sistematicamente o que deu errado no ano anterior e fazemos ajustes para o próximo ano. Limitamos nossas possibilidades, porque definimos estratégias olhando no retrovisor.

Essa abordagem funciona muito bem quando você se encontra em um setor estável, de mudanças lentas, em que os concorrentes não criam problemas e os novos participantes em potencial cuidam da própria vida. Na última vez que conferi, não havia muitas empresas assim.

Como sugere a história de crescimento da T-Mobile, o que organizações que adotam a transformação disruptiva fazem muito bem é olhar para o futuro com confiança e prever as necessidades dos clientes que não existem hoje. Quanto mais longe conseguem olhar, mais disruptivas se tornam.

Naturalmente, é difícil prever e definir o futuro. É por esse motivo que a maioria das organizações não o faz. *E se estivermos errados? E se escolhermos um caminho e tivermos que mudar o rumo?* Não estou lhe pedindo para prever o futuro. Estou pedindo que faça uma boa estimativa sobre *um* elemento: o que acha que seus futuros clientes precisarão. Quanto mais confiança tiver em sua visão sobre esses clientes, maior a probabilidade de você decidir buscá-los, mesmo às custas dos clientes lucrativos de hoje.

Dessa forma, a estratégia de disrupção não é diferente de uma estratégia tradicional. Criar uma estratégia é simplesmente decidir o que você fará e — igualmente importante — o que *não* fará. Uma estratégia de transformação disruptiva estrutura essa escolha de modo específico. Quais clientes serão sua prioridade: os clientes de hoje ou de amanhã? No caso da T-Mobile, seus líderes apostaram seu destino em clientes futuros que quisessem um relacionamento mais autêntico e transparente com sua operadora.

Esse foco em clientes futuros é um contrapeso para a certeza de receitas e lucros advindos dos clientes atuais. Quantas vezes você ouviu: "Não podemos desviar recursos do atendimento de nossos melhores clientes" ou "Não há tempo nem orçamento para explorar opções para o futuro"? Esses são os argumentos de empresas que priorizam o presente em detrimento do futuro. O foco em clientes futuros é a solução para o clássico dilema do inovador, em que lucros fáceis gerados por clientes existentes impedem as empresas de ver a aproximação de novos concorrentes, ao atrair clientes que estão à margem.

COMO O FACEBOOK DEU AS COSTAS AOS SEUS MELHORES CLIENTES

Vamos relembrar quando, em agosto de 2003, o MySpace foi lançado como uma extensão do site de música e entretenimento eUniverse. Conheci o CEO Chris DeWolfe naquele outono e lembro seu foco incrível em entender e atender ao público principal do MySpace, que na época pertencia ao cenário da música indie de Los Angeles. Com a divulgação e acesso ao público do eUniverse, o MySpace cresceu rapidamente e foi adquirido em 2005 pela News Corp por impressionantes US$580 milhões.[21]

Em contraste, Mark Zuckerberg fundou o Facebook em seu dormitório, em janeiro de 2004. No início, o site era aberto apenas aos universitários de Harvard. Depois de um mês de atividade, metade dos alunos tinha se cadastrado e insistia em se conectar com amigos de outras universidades. Em março de 2004, o Facebook se expandiu para Columbia, Stanford e Yale, e rapidamente adicionou outras universidades. Um ano depois, a equipe do Facebook concluiu que estava atingindo a saturação de alunos universitários: eles tinham que crescer. A escolha natural foi adicionar alunos do ensino médio, o que o Facebook fez em setembro de 2005.

Então, em 26 de setembro de 2006, o Facebook fez o inimaginável: passou a aceitar membros com pelo menos 13 anos de idade que tivessem um endereço de e-mail válido.[22] E, então, para o horror dos alunos das faculdades e colégios, *seus pais* se cadastraram no Facebook. É óbvio que essa foi uma característica que os alunos jamais teriam pedido! No entanto, o Facebook a introduziu, pois a única forma de crescer era abrir o site a todos.

O Facebook correu o risco calculado de virar as costas aos melhores clientes — os alunos — a fim de cultivar novos relacionamentos com um mercado muito maior. Os líderes da empresa apostaram que esses alunos valorizavam tanto estar no Facebook que aceitariam que os pais dividissem o mesmo espaço que eles. A empresa também apostou que os adultos achariam o site tão envolvente quanto os estudantes e tomou medidas controversas, como adicionar o Feed de Notícias algumas semanas antes de abrir o site, para torná-lo mais atraente para todos os públicos.

Enquanto isso, o que o MySpace fez? Ele dobrou a aposta em música e entretenimento como ponto central do site, porque isso era o que seu núcleo — seus membros mais importantes e fiéis — queria. Os gerentes profissionais da News Corp — líderes inteligentes e experientes — desenvolveram um plano com base nas necessidades dos membros principais e trabalharam nele. Afinal, essa era a fórmula para o sucesso do negócio. Se o plano não funcionasse, então o problema deveria estar na execução. Não havia lugar nem espaço para se desviar do plano porque ele fora construído em sólidas bases empresariais. Não importa que estivesse focado no elemento errado: o público que tinha na época — o equivalente a deslizar para onde o disco esteve.

O Facebook já sabia o que seu público queria na época e dirigiu todos os esforços em descobrir para onde iria, deslizando em todas as direções possíveis para ver onde o disco estaria. E veja só: o Facebook realmente não sabia onde seus membros estariam. A empresa fez algumas suposições razoáveis, elaborou palpites e reuniu ideias ao observar e ouvir os membros com atenção. E tudo bem, pois eles estavam jogando um jogo novo.

Isso ficou muito claro quando Mark Zuckerberg me informou sobre a estratégia do Facebook em 2006. Fui uma das primeiras analistas com quem ele se reuniu e, não importa que pergunta eu fizesse, Zuckerberg sempre respondia com uma variação de "o Facebook é um serviço". Se eu perguntava que necessidades dos membros o Facebook priorizava, ele dizia: "O Facebook é um serviço… bem, qualquer coisa de que precisem." E quanto à publicidade? "Como o Facebook é um serviço, todos irão usá-lo, e os anunciantes querem atingir todo mundo." Embora o Facebook estivesse crescendo e seus membros o adorassem, meu lado empresarial aceitava com ceticismo que ele sabia o que estava fazendo.

Eu estava presa ao mindset de "planejar e executar" enquanto o Facebook colocava uma nova tática em ação, com um mindset disruptivo. Com o único foco no aumento de membros, o Facebook ultrapassou o MySpace em visitantes mensais no início de 2008.[23] O MySpace atingiu seu auge de 75 milhões de membros em dezembro de 2008, quando começou a declinar e nunca se recuperou.[24] O Facebook passou de 100 milhões de usuários mensais ativos em 2008 a 2,3 bilhões no final de 2018.[25]

O Facebook, como outras organizações disruptivas, centralizou sua estratégia de crescimento na parte de movimento mais rápido de todo o seu ecossistema: os clientes. E não só quaisquer clientes, mas os futuros clientes. Eles vislumbraram o futuro a fim de prever as necessidades dos clientes que até então não existiam.

Em 2016, Mark Zuckerberg anunciou um plano de dez anos na F8, conferência anual de desenvolvedores da empresa.[26] Esse plano é uma notável visão pública que mostra onde o Facebook enxerga o crescimento futuro, e que ajuda a manter a companhia e seu ecossistema de desenvolvedores focado em como ela vê as mudanças das necessidades dos clientes.

Pode-se argumentar que, considerando as muitas controvérsias que envolvem a empresa do final de 2018 a 2019, o Facebook deveria ter ouvido melhor o crescente coro de preocupações sobre dados, privacidade e ingerência russa. Também fica claro que o plano de dez anos não previu a mudança radical de Zuckerberg em direção às redes sociais privadas.

Tenho observado a empresa desde o início, e o que me surpreende é como Zuckerberg reinventou a si mesmo e ao Facebook de modo contínuo e estável. Essa disposição de enfrentar a realidade do presente ao mesmo tempo em que foca o futuro possibilita ao Facebook continuar em uma posição de domínio e disrupção.

VOCÊ ESTARÁ EM VANTAGEM SE FOCAR CLIENTES FUTUROS

Há muitas coisas sobre o futuro que não se pode controlar, do comportamento da economia ao surgimento de novas tecnologias e novos concorrentes. O único fator que se pode controlar totalmente é para onde dirigir seu foco. Toda a energia e os recursos de sua organização precisam estar focados em compreender, identificar e atender às necessidades de seu cliente futuro. Se puder fazer isso, terá uma grande vantagem sobre empresas menos focadas e startups.

De fato, as empresas estabelecidas possuem numerosas vantagens, mas elas precisam estar preparadas para buscar clientes futuros, não para preservar o *status quo*. Essas vantagens incluem:

Clientes. Ter a capacidade de vender para um cliente que já confia em você é uma vantagem enorme em relação às startups, que não têm uma base de clientes. É provável que um subconjunto de seus clientes também sejam seus clientes futuros, mas você deve estar pronto para permitir que eles agarrem a nova oferta, o que poderá resultar em rendimento e lucro menor por cliente. Se não o fizer, outros poderão fazê-lo.

Marca. É muito mais fácil lançar um novo produto com uma marca existente do que uma marca da qual ninguém ouviu falar, como a maioria das startups têm que fazer. Novos produtos e serviços não precisam necessariamente ter uma marca nova; eles podem ser uma submarca ou se transformar em uma casa de marcas. Mas pode ser difícil fazer uma marca evoluir de modo a atender às necessidades de futuros clientes. A T-Mobile alavancou sua equidade e consciência de marca, mas também teve que superar um legado de qualidade e cobertura deficientes com clientes existentes e antigos ao se reposicionar como uma "Un-carrier".

Talento. Uma empresa estabelecida pode mover pessoas talentosas e experientes para o novo negócio e fornecer-lhes recursos. Se elas estiverem realmente focadas em atender futuros clientes, adotarão uma atitude empresarial para encontrar modos inventivos de encontrá-los onde estiverem. Startups precisam contratar pessoas em um mercado de talentos difícil, com pouco dinheiro e muitas opções em um empreendimento incerto.

Escala. Processos back-end, de operações de vendas e atendimento ao cliente a RH e finanças, fornecem a infraestrutura para operações eficientes. Startups precisam criá-los a partir do zero. Contudo, a escala pode se tornar um risco se esses processos se atrofiarem ao longo do tempo em vez de evoluir constantemente. Quando a T-Mobile iniciou sua transformação, ela se certificou de que todos os aspectos do negócio suportassem a experiência Un-carrier, de como as pessoas eram recebidas nas lojas à forma como ligações telefônicas eram tratadas.

Dinheiro. Uma empresa estabelecida pode aplicar o dinheiro de um negócio com fluxo de caixa positivo em segmentos de clientes novos e menos lucrativos. Startups precisam obter fundos. Dinheiro também é um plano alternativo: se tudo o mais falhar e uma startup conseguir atender a uma necessidade dos clientes que você não previu, compre a startup.

Uma estratégia focada em clientes futuros libera uma organização estabelecida para usar todos os seus recursos e escala para tentar conquistá-los. Esse é um dos motivos pelos quais os maiores disruptores, como Amazon, Apple, Google e Netflix, continuam a crescer. Eles têm a escala, a marca, os relacionamentos com os clientes e o dinheiro para reinvestir constantemente no motor que impulsiona as novas iniciativas de crescimento.

> "A mudança é a lei da vida.
> Aqueles que só olham para
> o passado ou o presente com
> certeza perderão o futuro."
>
> — John F. Kennedy

MELHORES PRÁTICAS PARA FOCAR NECESSIDADES DE FUTUROS CLIENTES

Para orientar uma estratégia de crescimento disruptivo visando futuros clientes, é preciso integrar, de modo sistemático e intencional, a obsessão em relação aos clientes, especialmente aos futuros, ao DNA da organização. Esse deve ser o foco de todas as pessoas e processos. Sua organização deve saber cercar as necessidades emergentes dos clientes, capacitando as pessoas que os atendem todos os dias a fazer com que suas observações sejam ouvidas. E deve haver um processo que avalie esses pontos com uma nova perspectiva e a mente aberta para considerar o que você talvez não queira ouvir.

Não há receita secreta, mas há práticas recomendadas que empresas disruptivas usam para focar os futuros clientes todos os dias.

Coloque os Clientes em Seu Painel

Pouco tempo atrás, ajudei a equipe executiva de uma empresa de produtos de consumo a criar uma estratégia organizacional e cultural para apoiar a transformação digital. Em um de nossos workshops, tínhamos acabado de discutir a necessidade de ser aficionado pelo cliente, quando perguntei ao CEO qual era sua prioridade. Tímido, respondeu: "Movimentação de estoque."

Você é o que você mede.

Dê uma olhada em seu painel pessoal e veja onde e como os clientes são representados. Eles ao menos estão lá? Se os clientes já estiverem em seu painel, ótimo! Agora, vá um pouco mais fundo: como eles estão representados? Você tem basicamente o que chamo de "métricas de vaidade" — fatores como contabilização de receitas, produtos vendidos e quantidade de clientes? Ou você inclui "métricas de relacionamento" — aspectos como valor do tempo de vida, satisfação do cliente e fidelidade? E, finalmente, seu futuro cliente está representado em seu painel?

Anos atrás, dei uma boa olhada na captura de tela do painel de Mark Zuckerberg de março de 2010 e foi uma revelação. A primeira coluna tinha métricas normais sobre clientes: quantidade de usuários registrados; média de usuários diários, semanais e mensais; quantidade de novos usuários e assim por diante. Foi a segunda coluna que achei interessante. Intitulada "uso de dispositivos móveis", ela rastreava o uso de dispositivos móveis por plataforma. Isso foi em março de 2010, quando havia somente 100 milhões de usuários de dispositivos móveis no Facebook e metade deles usava a versão móvel da web, não o app. Mas Zuckerberg já sabia que os dispositivos móveis seriam uma parte importante do futuro do Facebook e destinou o espaço adequado em seu painel para seguir esses novos usuários emergentes.

O que me agrada nessa prática é que você não precisa ser um executivo para utilizá-la. Qualquer um com um painel e acesso a algum tipo de relatório básico pode fazê-lo. Você nem mesmo precisa capturar dados quantitativos; você pode criar um feed do que os clientes estão dizendo sobre seu produto na mídia social. Até funções internas podem fazer isso. Uma equipe financeira que conheci media o Net Promoter Score (NPS — Métrica de Lealdade do Cliente) internamente com os empregados e também após interações com os clientes, contas a receber e a pagar.

Determine que métrica ou informações são mais importantes para seu sucesso atual e futuro. Em seguida, consiga algum espaço em seu painel para priorizar seus clientes e torná-los o foco de sua pauta diária.

Desperte a Curiosidade sobre os Clientes

Um dos maiores problemas que encontrei nas organizações com que trabalhei é que as pessoas em geral, e os líderes, em especial, acham que não têm permissão de pensar no futuro. Foi dito a eles que atingir metas mensais, trimestrais e anuais é de extrema importância; que mantivessem as cabeças abaixadas e focadas no trabalho a sua frente. Nunca lhes foi dito para serem curiosos, para perguntar por que os clientes fazem o que fazem ou por que a organização faz o que faz.

Que desperdício.

Seus empregados, e principalmente os que interagem com os clientes todos os dias, têm informações em primeira mão do que realmente acontece com eles. Plataformas de colaboração digital podem propagar essas informações rapidamente até os altos escalões da organização. Seus colaboradores se tornam o primeiro sistema de alerta das necessidades dos clientes emergentes. Mas isso só ocorrerá se você, sistemática e intencionalmente, der permissão a seus funcionários para serem curiosos sobre os clientes e criar uma estrutura integrada à organização que lhes possibilite fazê-lo.

Uma das melhores formas de despertar a curiosidade sobre os clientes é criar mapas de empatia para os atuais e futuros. Constatei um modo formal e dimensionável de criar mapas de empatia no workshop de Design Thinking da IBM em 2014.[27] O intuito desses mapas é desenvolver um consenso sobre as metas e motivações com base em dados e exemplos observáveis. Uma estrutura simples orienta a coleta e síntese desses dados — o que a pessoa diz, faz, pensa e sente (veja a Figura 1.4).[28]

Fig. 1.4 **Exemplo de Mapa de Empatia**

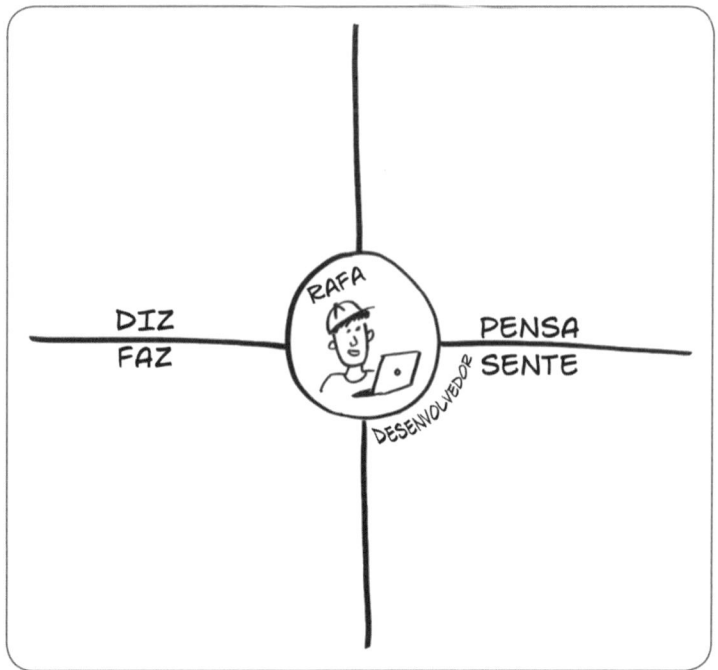

[Figura: Mapa de empatia dividido em quatro quadrantes — DIZ, FAZ (à esquerda) e PENSA, SENTE (à direita) — com a ilustração de "Rafa, Desenvolvedor" no centro.]

Fonte: IBM

Peça a sua equipe para coletar exemplos do que diferentes tipos de clientes dizem, fazem, pensam e sentem. Colete esses exemplos em entrevistas formais, sessões de grupos focais ou observações informais de chamadas de call centers. Anote cada exemplo ou observação no quadrante adequado. O processo de criação do mapa de empatia revelará onde há consenso, divergência e lacunas sobre seus clientes na sua equipe.

Repeti-lo com clientes futuros é ainda mais desafiador porque é provável que você tenha que lidar com muitos espaços em branco. Contudo, esse espaço incitará a curiosidade de seus funcionários e os estimulará a ficar atentos a exemplos do que os clientes emergentes dizem, fazem, pensam e sentem. Esses "dados" ajudarão a criar mapas de empatia de futuros clientes.

Há algumas armadilhas às quais ficar atento quando ficar curioso sobre os clientes. Primeiro, entenda que você e seus funcionários não são clientes. Deve-se deixar seus preconceitos e preferências pessoais de lado e enxergar o mundo como eles o veem. Isso é empatia: colocar-se no lugar do outro. Com o tempo, você verá clientes atuais e futuros como pessoas reais com uma gama complexa de valores, desejos, temores e comportamentos.

Segundo, esteja ciente de que isso não se trata de criar personas ou segmentos, isto é, modelos bem pesquisados ou representações simplificadas de seus clientes usados para desenvolver um mapeamento de jornada e execução de marketing. Personas e segmentos de clientes exigem um elevado grau de certeza, mas um alcance de foco limitado. Mapas de empatia fazem exatamente o oposto: eles estimulam o desenvolvimento de complexidades e contradições, destacando, por exemplo, como um cliente pode pensar uma coisa, mas dizer outra. Se feitos corretamente, esses mapas devem deixar você ainda mais curioso em aprender sobre seus fascinantes clientes.

Crie um Conselho Consultivo de Clientes

Pequenas e médias empresas que não dispõem dos elevados orçamentos para pesquisas de satisfação de clientes perguntam-me com frequência o que podem fazer para entender melhor os clientes. Minha resposta é formar um conselho consultivo de clientes (CCC) que lhes forneça informações e feedback sobre o que estão fazendo bem e o que podem melhorar.

Não preencha o CCC com seus melhores e maiores clientes atuais. Em vez disso, encontre clientes que o estimulem a fazer as coisas de um jeito diferente. Pergunte as suas equipes de vendas e atendimento ao cliente quem são os clientes mais perspicazes, os que contestam o modo de trabalhar de sua empresa. Esses clientes o levarão a um patamar mais elevado e terão maiores expectativas. Eles são experientes no que a concorrência oferece. E, muitas vezes, querem algo novo, algo customizado que você não fornece atualmente. Você faz o melhor para atendê-los, mas eles parecem nunca estar totalmente satisfeitos.

Talvez você encontre essas pessoas entre seus clientes atuais. Porém também podem ser clientes em potencial ou clientes que você perdeu. O segredo está em aprofundar seu relacionamento com pessoas que melhor representam a imagem que você tem de seus futuros clientes.

Se puder formar seu CCC para representar seus futuros clientes, terá a sua disposição um grupo focal para testar novas ideias. Embora talvez seja preciso tomar alguns antiácidos antes de participar de uma reunião do CCC, garanto que um conselho forte o fará avançar mais depressa do que qualquer outro recurso que encontrar. Na verdade, eu diria que é mais importante ouvir seu CCC do que seu conselho administrativo, porque você ignora a voz de seus futuros clientes por sua conta e risco. Dispor de exemplos concretos do que os futuros clientes querem é um antídoto poderoso para o mindset "preso ao presente".

Encontre Sua Equipe Aficionada por Clientes

Procure em sua organização pessoas que, de modo semelhante ao CCC, sejam mais propensas a pensar nos clientes. É provável que você já saiba quem são. Com frequência, elas sugerem formas de tornar a empresa mais preocupada com o cliente. Elas se colocam no lugar dele e entendem intuitivamente seus pontos críticos, tomam seu partido e são naturalmente curiosas sobre e ansiosas por solucionar seus problemas. E, sim, elas podem ser uma pedra em seu sapato quando lutarem por mudanças.

Quando encontrar essas pessoas aficionadas por clientes (PACs), ofereça-lhes a prova social de que sua opinião não só é importante, mas é ouvida e faz a diferença. Por exemplo, nas reuniões mensais de equipe, uma organização regularmente dá destaque ao pessoal do call center que não só revelou um problema detectado em uma chamada, mas também tomou a iniciativa de provocar uma mudança em um produto ou política. Reconhecer o empenho da pessoa em tratar das necessidades do cliente a torna um herói a ser imitado, encorajando os demais a trazer a voz dos clientes à tona.

Você também pode convidar seus PACs para se reunirem com seu CCC, e manter reuniões paralelas a fim de dobrar o impacto sobre seus executivos e organização. Ao elaborar sua estratégia de transformação disruptiva, envolva esses PACs para avaliar e desenvolver seu plano. Eles não só farão com que você se torne mais focado no cliente, mas também possibilitarão que você os alinhe a seu raciocínio estratégico para que possam ficar à procura de dados e exemplos que confirmem ou aperfeiçoem a estratégia.

Defina Seu Futuro Cliente com Pesquisas, Não com Boatos

Recentemente, participei do workshop de um cliente em que o objetivo era lançar um projeto que definiria o futuro cliente da companhia. Meu colega começou o dia pedindo que todos desenhassem a figura de um alienígena. Não importava que tipo de alienígena. Ele nos encorajou a desenhar qualquer imagem que nos viesse à mente, e afixamos os desenhos por toda a sala. Houve os habituais alienígenas de cabeça grande, os com 18 pernas e braços, e assim por diante. Ao observá-los, ficou evidente que todos tínhamos uma concepção diferente do que era um alienígena e que tínhamos entrado na sala com noções preconcebidas de sua aparência com base no que tínhamos visto em filmes ou lido em livros.

Fizemos o exercício para ilustrar que definir um futuro cliente é como tentar desenhar um alienígena: todos o víamos de variadas perspectivas e tínhamos uma ideia diferente do que ele é. Ainda não tínhamos despendido tempo e energia para explorar sistematicamente como poderia ser esse futuro cliente, intencionalmente reduzir as opções e atingir um consenso. Com frequência, queremos uma resposta rápida e fácil que nos ajude a passar da incerteza para a certeza, e recorremos as nossas experiências passadas.

Em vez disso, pense em um processo diferente — em que você primeiro se reúne em uma sala a fim de discutir as perguntas que precisam ser respondidas para definir o futuro cliente. Foque não o que você já sabe sobre o cliente atual, mas o que não sabe sobre o futuro. Foi isso que a T-Mobile fez com pesquisas. Em vez de perguntar aos clientes o que queriam no presente, a empresa perguntou a eles o que os deixava insatisfeitos no relacionamento com sua operadora de telefonia móvel. Dessa forma, ela começou a ter ideias de como seria esse cliente. Uma pesquisa narrativa aprofundada pode parecer desnecessária, cara e demorada. Contudo, quase todas as empresas disruptivas que analisei fizerem um grande investimento para certificar-se de que uma definição comum e consistente de futuros clientes fosse claramente entendida e aceita em toda a organização.

Um argumento contrário que ouço de clientes é que a Apple ficou conhecida por não recorrer à pesquisa de clientes. É verdade. Ela não deu muita importância a grupos focais e pesquisas com clientes atuais porque acredita que eles não podem dizer muita coisa sobre os clientes do futuro. Mas a Apple também é conhecida por sua obsessão com os clientes, principalmente em entender necessidades subjacentes não atendidas. Por exemplo, ela encontrou um problema — a incapacidade de levar sua música com você — e projetou o iPod, um aparelho que coloca "mil músicas em seu bolso".

Realizar pesquisas aprofundadas e significativas é um investimento substancial, e pode ser difícil garantir recursos quando a organização e seus executivos têm propensão para focar o curto prazo. Aqui está um modo de convencer executivos céticos: faça-os dedicar metade de um dia para adquirir uma visão clara do futuro cliente que a empresa atenderá. Garanto que ninguém ficará confortável com essa incumbência!

Todavia, a meta real desse exercício não é encontrar uma resposta definitiva, mas ressaltar a necessidade de dispor de um processo que crie um modelo de futuro cliente. Ao forçar a equipe a elaborar o perfil do futuro cliente, você identificará lacunas óbvias sobre o que não sabe e o que ainda precisará aprender. Concentre-se em coletar essas informações e escolher pessoas e recursos para preencher essas lacunas.

Desenvolver uma visão do futuro cliente não é fácil. Preferimos lidar com o conhecível e o conhecido, o cliente de hoje, do que nos envolver no trabalho complexo que essas práticas exigem. Percebemos que há muito em jogo, para a empresa e para nós mesmos, para compreender a fundo a possibilidade de futuros alternativos, escolher um deles e persegui-lo.

AS ARMADILHAS DE FOCAR FUTUROS CLIENTES

Focar futuros clientes apresenta alguns riscos e armadilhas em potencial que precisam ser evitados. Talvez você se encante por uma visão de futuro cliente em potencial e não perceba os sinais de advertência de que está no caminho errado. Ou talvez você passe a perseguir o futuro cliente muito depressa e não cuide das necessidades dos clientes atuais. Antes de concluir este capítulo, vou lhe contar uma história que adverte sobre se precipitar em relação a si mesmo e a seus clientes.

Hoje, a Netflix é uma das empresas mais populares que existem. Ela não só é uma marca internacionalmente admirada com seu conteúdo original e serviços de streaming, mas também as suas ações foram as queridinhas de Wall Street durante quase todo o ano de 2018, praticamente dobrando seu valor em 12 meses.[29] Mas a Netflix quase não sobreviveu aos próprios esforços para promover um crescimento disruptivo.

Ao contrário do que se acredita, o cofundador Reed Hastings não fundou a Netflix por causa de uma multa de US$40 por atraso. Ele e o outro cofundador Marc Randolph simplesmente queriam ser a "Amazon.com de alguma coisa".[30] Em 1999, após várias tentativas falhas, eles encontraram uma abordagem que pareceu dar certo: um plano de assinaturas de DVDs sem datas de entrega ou multas por atraso. Eles combinaram o plano de assinaturas com a possibilidade de adicionar filmes a uma fila, o que foi sucesso entre os clientes. Depois desse êxito, a Netflix lançou seu serviço de streaming no início de 2007 com apenas mil títulos de filmes.[31]

À medida que aumentava o número de assinantes e o streaming se tornava uma parte maior do negócio, a Netflix observou os dados e percebeu que a locação de DVDs atingia seu ápice, e o streaming era o caminho para o futuro. A concorrência também ficava mais acirrada. Embora a Blockbuster estivesse em declínio, novos concorrentes, como Hulu, Amazon e Google, ingressavam no espaço de streaming de vídeos. O CEO Reed Hastings ficou preocupado em como lidar com o "dilema do inovador" e mudar o modelo de negócios da Netflix. A empresa previu a necessidade de abandonar a locação de DVDs para se concentrar no streaming e adquirir conteúdo novo e melhor.[32] No entanto, ela sabia que raramente as empresas tinham sucesso em uma mudança tão grande.

Em julho de 2011, a Netflix anunciou que separaria o streaming do setor de locação de DVDs. De fato, fazia sentido: a empresa podia administrar o negócio de locação de DVDs em queda enquanto usava o streaming para repor as receitas no contexto de uma concorrência emergente acirrada. Além disso, a empresa anunciou um aumento de preços: as assinaturas passariam de US$10 para US$15,98 ao mês para locação de DVDs e streaming ilimitado ou US$7,99 ao mês para cada serviço separado.[33] Alguns meses depois, ela anunciou que o novo serviço de locação de DVDs se chamaria "Qwikster".[34]

A reação dos clientes foi rápida e negativa. Os assinantes detestaram.[35] O ódio no Twitter desabou sobre Hastings e a Netflix. A antes amada marca de consumo parecia ter sofrido um dano irreparável, com a confiança dos clientes arruinada. A Netflix não tinha previsto o quanto os clientes ainda amavam os envelopes vermelhos, mesmo que apenas quisessem ter a opção de alugá-los. Depois de dois tortuosos meses, 800 mil assinantes tinham deixado a empresa e o preço de suas ações tinha caído quase 50%, uma perda de quase US$1 bilhão no valor da companhia.[36]

Em setembro daquele ano, Hastings escreveu um post desculpando-se pela confusão e pelos erros, iniciando-o com a frase: "Eu errei. Devo uma explicação a todos."[37] Hastings se deu conta de que estava tentando fazer muita coisa de uma vez: aumentar preços ao mesmo tempo em que separava o negócio em duas empresas. Mais importante, ele compreendeu que não tinha explicado as mudanças adequadamente para seus clientes fiéis. Eles se sentiram traídos pelas mudanças e especialmente afrontados por ver o nome de seus amados envelopes vermelhos mudar para Qwikster. Para todos os efeitos, foi um reconhecimento raro de arrogância e presunção da parte de um executivo que marcaria o início de uma longa e lenta marcha para a recuperação.

"Não encontraríamos uma ideia ou gesto que faria com que as pessoas nos amassem de novo de um dia para o outro", lembra Hastings. "Tínhamos que conquistar sua confiança com coerência e disciplina. E tínhamos que ter cuidado, pois estávamos em período de experiência."[38] Primeiro, a empresa rapidamente acabou com a efêmera marca Qwikster e manteve as duas ofertas sob a marca Netflix. Em seguida, ela resistiu ao impulso de inventar um novo objetivo, como oferecer um serviço pay-per-view ou comprar uma companhia como a Roku, que fabrica dispositivos de streaming de vídeo. Em vez disso, a empresa adotou uma rígida disciplina e permaneceu focada no futuro do streaming de vídeos.

E funcionou. No quarto trimestre de 2012, a Netflix tinha incorporado 2 milhões de assinantes de streaming, graças à compra de tablets e smart TVs pelos assinantes nas festas de final de ano.[39] Então, em fevereiro de 2013, a Netflix anunciou uma série original, *House of Cards*, criada com base em dados intersetoriais sobre o que atrairia o maior número de assinantes.[40] A combinação de excelência operacional, um foco nas necessidades dos futuros clientes de streaming e em conteúdo, e dependência dos clientes devido às recomendações personalizadas levaram à dominância da Netflix. Em meados de 2018, a companhia tinha 130 milhões de assinantes de streaming, sendo que metade se encontra fora dos Estados Unidos.[41]

A Netflix teve sorte — muita sorte. Ela esteve à beira do desastre ao tentar uma reviravolta para o crescimento disruptivo. Estrategicamente, seus líderes fizeram a coisa certa. Mas eles ficaram tão concentrados em fazer a mudança disruptiva que deixaram de ver quem eram seus clientes, avaliando mal a rapidez com que os clientes se moviam na direção do streaming. Pior, os líderes da companhia reagiram devagar à fúria dos clientes. Ofuscados pela própria busca por mudança futura, não conseguiram ver e reagir aos clientes que estavam no caminho traçado à frente.

A lição que a Netflix aprendeu depressa e continua a praticar até hoje é que você tem permissão para avançar e caminhar depressa — contanto que continue a conquistar e garantir a confiança de seus clientes todos os dias. É um equilíbrio difícil, mas a Netflix conseguiu fazer ambos alavancando seus principais pontos fortes como empresa estabelecida — enorme escala e base de clientes fiéis — e então dobrar as apostas na execução. Com esses pontos fundamentais definidos, a Netflix pôde causar disrupção em escala com programação original, que resultou em sua recente indicação ao Oscar de melhor filme com *Roma*. Essa foi uma jornada extraordinária para uma empresa, principalmente quando sabemos o quanto ela esteve à beira do desastre.

AVANÇANDO

Na busca da transformação disruptiva, é preciso desenvolver uma visão convincente de onde seus futuros clientes estarão e alinhar os recursos de sua organização na busca desse futuro incerto. Ao mesmo tempo, é necessário continuar a executar e proporcionar, atendendo aos seus clientes atuais sem ficar ancorado a eles. Esta é a nuance e força do mindset disruptivo: ser capaz de manter uma visão intacta do futuro enquanto prepara o caminho para ele agora.

CONCLUSÕES

- O crescimento disruptivo surge da identificação e do atendimento das necessidades dos futuros clientes, não dos atuais. Sua estratégia alinha toda a organização para identificar e cuidar de todas as necessidades dos futuros clientes.

- Organizações como T-Mobile, Facebook e Netflix focam continuamente a compreensão dessas necessidades, mesmo correndo o risco de alienar os clientes existentes.

- Para começar, certifique-se de que a obsessão com o cliente esteja arraigada em tudo o que a organização fizer.

"Deus foi capaz de criar o mundo em sete dias porque não tinha que se preocupar com a base instalada."

— Enzo Torresi, empresário e líder empresarial no setor de tecnologia

CAPÍTULO 2

PREPARANDO-SE PARA O MOMENTO DA MUDANÇA RADICAL

Em minhas conversas com organizações que tentam adotar um crescimento disruptivo e se transformar, descobri que muitas desistem de tentar. Elas sabem que têm que mudar, mas a mudança é tão assustadora, e as implicações, tão intensas, que preferem parar a avançar.

Nenhum dos líderes com que falei disse que seu processo de transformação disruptiva foi fácil ou simples. Ao contrário, descreveram como foi difícil, quanto tempo passaram preocupados com as opções, as salas de guerra repletas de análises de cenários e esforços aparentemente intermináveis para alinhar todos os participantes. No final, houve um momento estressante em que tiveram que dizer não ou respirar fundo e decidir avançar.

Se a intenção for criar uma mudança transformadora significativa, garanto que você não terá todas as respostas e que nem todos concordarão quando chegar a hora de tomar a decisão final. Nesse momento, sua aposta terá que ser a melhor possível, considerando o que souber na época. E, mesmo após ter tomado a decisão, o resto da organização e seu ecossistema precisarão ser incluídos e convencidos de que esse é o caminho a seguir.

Assim, como preparar a si mesmo e à empresa para a inevitável mudança radical? Ao longo dos anos, observei muitas empresas tomarem essa decisão, e todas seguiram uma versão deste plano estratégico de três etapas, que você também pode usar para se preparar para o momento decisivo:

- Construa o caso com pesquisas rigorosas.
- Garanta apoio com transparência.
- Queime os barcos para não poder voltar atrás.

Estar preparado para o grande momento decisivo é, acima de tudo, confrontar a realidade do quanto a transformação disruptiva é difícil, e aceitar toda a confusão das mudanças humanas em vez de encobri-la com slogans e workshops (ou o que chamo de teatro da transformação).

CONSTRUA O CASO COM PESQUISAS RIGOROSAS

Era 2010, e Mala Sharma tinha um grande problema. Como vice-presidente de marketing de produtos da maior e mais lucrativa linha de produtos da Adobe, a Creative Suite, recebera uma tarefa aparentemente impossível: mudar o modelo de negócios de pacotes de software para assinaturas sem destruí-lo no processo. A Adobe dominava o mercado de software criativo profissional com uma receita de US$2 bilhões só nessa categoria. Mas a Creative Suite, que incluía softwares populares, como Photoshop, Acrobat, InDesign e Illustrator, estava perto de saturar o mercado endereçável. Já não havia tantas pessoas dispostas a pagar US$2.499 em um pacote de software.

Os três indicadores da solidez do negócio preocupavam: (1) o crescimento da receita vinha principalmente do aumento de preços, com pouco crescimento de usuários fora do setor de educação; (2) as mudanças rápidas nas necessidades dos clientes não eram atendidas, porque as atualizações dos softwares se limitavam a ciclos de liberação a cada 18 a 24 meses; e (3) a Adobe tinha pouca receita recorrente, o que a tornava vulnerável a mudanças na demanda dos clientes, como a última recessão mostrara.

Um modelo de assinatura baseado em nuvem solucionaria as três questões. Os pontos de preço cairiam e abririam novos mercados. Novas funcionalidades seriam lançadas a qualquer tempo. E a Adobe teria um relacionamento direto com os clientes pela primeira vez, possibilitando não só o fluxo de receita, mas também a coleta de informações sobre seu uso do produto.

Embora os líderes da Adobe vissem esse potencial, tinham que superar três obstáculos importantes. Primeiro, passar a um modelo de assinatura significava que tudo teria que mudar, do modo como a empresa vendia os produtos (trocando o modelo de dois níveis de distribuidor/varejista pelo direto ao cliente, em www.adobe.com) à forma como os desenvolvia, em um período de tempo muito menor. Até mesmo o departamento financeiro teria que passar a contabilizar a receita por assinatura todos os meses em vez de reconhecê-la de uma vez no ponto de vendas. A Adobe teria que mudar para um novo modelo de negócios ao mesmo tempo em que fornecia suporte ao antigo, durante o período de transição. Nada poderia falhar.

Segundo, Sharma sabia que a receita da linha mais importante da Adobe cairia enquanto as pessoas passassem das grandes compras antecipadas, reconhecidas no mesmo trimestre, a pagamentos mensais esparsos. Essa compressão de rendimentos levaria de 24 a 36 meses para ser superada, à medida que os clientes mudavam gradualmente de pacotes de software para assinaturas online. Como a Adobe é uma empresa de capital aberto, a queda da receita e dos lucros era negativa para os preços das ações. E, porque a empresa já estava negociando abaixo das médias históricas por causa do crescimento mais lento, uma redução significativa nos preços das ações poderia provocar uma oferta pública de aquisição.

Terceiro, e provavelmente o mais difícil de superar, era o fato de que os clientes não pediam um produto baseado em assinatura. Eles estavam satisfeitos com o pacote de software existente. No entanto, Sharma e a equipe da Adobe não atendiam a suas necessidades com rapidez suficiente. Mais conteúdo estava sendo consumido na web, profissionais de criação precisavam reinventar-se e desenvolver habilidades para criar para a web e o ciclo de liberação da Adobe não acompanhava as rápidas mudanças de cenário. Sharma e sua equipe de líderes achavam que a empresa teria mais condições de oferecer uma melhor experiência ao cliente e promover novo crescimento se fizesse essa mudança drástica — e sobrevivesse a ela.

Os riscos eram reais. Sharma sabia que, se não acertasse, a Adobe sofreria o destino de outras empresas estabelecidas que não conseguiram se transformar: redução na participação de mercado, dos lucros e de possíveis clientes. "Embora eu não estivesse sozinha, em um âmbito pessoal, senti o peso do futuro da Adobe nos ombros todos os dias", admitiu Sharma.[42]

Ela decidiu cuidar primeiro da questão da demanda dos clientes e trabalhou junto com Dave Burkett, vice-presidente e gerente-geral de estratégia de preços da Adobe, a fim de testar o conceito. A empresa realizou um teste simples com o modelo de assinatura na Austrália, oferecendo a Creative Suite Design Premium, o pacote de ferramentas para design gráfico e web, de US$1.799, por US$99/mês. Na época, não havia nada de novo ou diferente no produto além do plano de pagamento, que era essencialmente o mesmo preço considerando a média de 18 meses do tempo de vida do cliente. Mas ele testou a viabilidade de atrair um novo público que era relutante em pagar uma grande quantia antecipadamente pelo modelo de licença vitalícia.

Os resultados foram encorajadores: 1/3 das assinaturas eram de clientes novos, pois o preço mais baixo lhes possibilitava comprar o pacote completo. E dos clientes existentes que passaram ao modelo de assinatura, metade simplesmente abandonou o produto vitalício e não atualizado.

Preparar o teste na Austrália com cuidado foi essencial para tomar a decisão de implementar o plano estratégico e garantir o apoio dos executivos da empresa. O teste lhes deu um vislumbre concreto do futuro. Eles começaram a imaginar todas as oportunidades que a mudança proporcionaria e a acreditar que ela representava o futuro da empresa.

Depois de meses de pesquisas rigorosas e conversas com as equipes internas de preços, de estratégia e de finanças, Sharma estava pronta para a revisão final do plano estratégico. Ela se reunira com Shantanu Narayen, CEO da Adobe, e o restante da equipe executiva, atuando nos departamentos para dirimir todas as dúvidas e preocupações. O preço fora pensado para que os aspectos financeiros funcionassem. O teste na Austrália mostrou que os clientes reagiram bem às novas ofertas. O departamento de vendas participava com um plano que essencialmente mudaria tudo que faziam. Chegara a hora de tomar a decisão. "A matemática tem suas limitações", lembra Sharma. "Esse era nosso momento de 'dar as mãos' e se tratava da convicção de que essa era a coisa certa a fazer."

Eles precisariam dessa determinação e convicção, porque um caminho longo e difícil os esperava.

Construindo Seu Caso para a Transformação Disruptiva

Muitos líderes contam que seus planos de transformação disruptiva são rejeitados, mas uma análise mais atenta revela que eles tinham tantas falhas que não havia como alguém querer se arriscar. O que mais me impressionou sobre Sharma e sua equipe foi que eles construíram essa grande jogada estratégica com calma e cuidado. Se quiser ter um caso sólido para sua estratégia de disrupção, aqui estão fatores a serem lembrados:

Invista os recursos e o tempo necessário. A Adobe designou seus melhores funcionários para o projeto, começando com a proprietária do produto existente, Mala Sharma. A importância e a urgência foram transmitidas e, mais importante, a equipe teve o tempo e os recursos para fazer o certo. Dependendo do grau de disrupção de sua ambição, é preciso criar um cronograma e um horizonte de investimentos em termos de meses, quando não anos. Planeje e firme expectativas atinentes.

Consiga dados corretos sobre seus futuros clientes. Em nossas conversas, os líderes da Adobe falaram várias vezes sobre como os dados gerados pelo teste na Austrália foram importantes para mudar mentes e corações de todos na organização. Os dados não eram conclusivos ou abrangentes, mas, até então, os líderes da Adobe não podiam sequer imaginar o futuro. Você precisará de um ponto de referência das necessidades dos clientes para suas deliberações — uma verdade central que todos podem consultar para se inspirar e comparar com a realidade.

Encontre os melhores em sua organização. Quanto mais pessoas e departamentos conseguir para ajudá-lo a construir o caso, mais sólido e confiável ele será. Em algum ponto, seu mais alto executivo andará ao redor da sala e perguntará aos demais executivos o que pensam da estratégia de disrupção. Se eles colaborarem com sua criação, sua proposta terá uma chance melhor de aceitação.

Vamos nos profundar em como passar da construção de um caso a conseguir aceitação para ele. Afinal, você está pedindo às pessoas que deem um passo gigantesco e hesitante para o futuro. Os dados, pesquisas e planejamento dedicados à construção de seu caso atraem o lado lógico das pessoas. Agora vamos focar como atrair seu lado emocional.

CONSIGA ACEITAÇÃO COM TRANSPARÊNCIA E DIÁLOGO

Em tempos de grandes mudanças e incerteza, há um excesso de desconfiança instituído e composto da mudança nas relações de poder. Muitas vezes, a mudança é acompanhada por uma alteração na estrutura hierárquica e até na estrutura organizacional. Funcionários e sócios pensam: *O que farei quando a companhia se transformar? Como meu cargo ou influência mudará, em consequência? O trabalho que fiz nos últimos anos ou até em uma década — todos os meus esforços — será invalidado? Como posso ter certeza de que essa mudança trará bons resultados para mim?*

No decorrer de minha pesquisa, constatei que as organizações conseguiram passar pela transformação disruptiva e manter a confiança dos funcionários, clientes, parceiros e investidores graças à transparência e ao diálogo.

A principal razão pela qual as pessoas não aceitam a futura mudança é a sensação de incerteza e insegurança que ela representa. Se não entendem a mudança, o motivo pelo qual está ocorrendo e como poderá afetá-las, não poderão dialogar com você. Porém, se elas a entendem, mesmo que não gostem dela, é possível discutir a respeito e chegar a um acordo.

A transparência gera confiança porque cria responsabilidade para todos os envolvidos. Por exemplo, se você revelar sua estratégia de transformação e seu possível impacto, positivo e negativo, dará início a uma conversa e a um relacionamento com a outra parte. Ser franco sobre os desejos, temores e realidades que todos enfrentarão durante a transformação ajuda a dissipar quaisquer percepções de que o responsável por ela tem motivações ocultas. A transparência também exige comprometimento com a verdade e o propósito compartilhados que, uma vez decididos, criam responsabilidade mútua por parte de todos para executá-los.

Contudo, muitas vezes, os executivos temem ser desafiados e não permitem o início de um diálogo, repelindo qualquer tentativa antes de começar. Ou se concentram em aperfeiçoar uma mensagem unilateral com a pretensão de comover corações e mentes em vez de se comprometer com uma conversa bilateral para construir entendimento e confiança.

O que diferencia empresas bem-sucedidas na estratégia de transformação disruptiva é o fato de se comprometerem em criar um relacionamento por meio de comunicação franca desde o início, independentemente do resultado. Para a Adobe, isso significou comprometer-se com uma transparência total, interna e externamente, desde o primeiro dia.

O verdadeiro trabalho começou quando a Adobe decidiu dar continuidade à Creative Cloud. Tudo teria que mudar, do modo como desenvolviam produtos e contabilizavam as receitas das transações mensais à remuneração do setor de vendas, porque a empresa não vendia mais aos distribuidores ou varejistas, mas diretamente aos clientes. E a Adobe.com teria que deixar de ser um site de marketing para ser o produto em si, pois era ali que os clientes começavam e continuavam seu relacionamento com a empresa.

A parte mais difícil da transição foi conseguir que o pessoal interno definisse o sucesso de uma nova maneira, mudando sua perspectiva de receitas para unidades e assinantes, pois tudo se direcionava a receitas de pacotes de software. Para manter todos alinhados, Sharma publicava um registro diário de decisões após suas reuniões com o objetivo de criar transparência em toda a empresa.

A aceitação interna foi uma questão importante para a Adobe, principalmente para a equipe de produtos, porque eles previram que os usuários ficariam enfurecidos. Sharma trabalhou diretamente com influenciadores internos; ela se reuniu com eles antes do lançamento e obteve seu comprometimento para serem parte do processo. Ela e sua equipe procuraram líderes comunitários e influenciadores para convencê-los do valor da Creative Cloud e também para inteirar-se de suas preocupações. Também realizaram um circuito presencial em várias cidades ao redor do mundo que atingiu mais de 30 mil pessoas. A transparência sobre o caminho difícil que os esperava possibilitou às equipes da Adobe confiarem umas nas outras durante e após o lançamento, enquanto ouviam os usuários e faziam ajustes no produto e nos preços para atender às necessidades dos clientes.

A Adobe também se esforçou para criar transparência e confiança junto à comunidade de investidores. Em novembro de 2011, a companhia estava pronta para anunciar a mudança para o modelo de assinaturas. Mark Garret, seu CFO na época, recebeu a tarefa de contar aos analistas de Wall Street que as receitas e lucros teriam que cair antes que os negócios se recuperassem e crescessem de novo.

Vale parar por um segundo e pensar em como isso foi ousado — e louco. Organizações me contam o tempo todo que abandonaram suas estratégias de crescimento disruptivo por causa do abalo financeiro de curto prazo que enfrentariam. Seus investidores nunca aceitariam essa situação.

A Adobe testava os limites de como poderia ajudar Wall Street a compreender o novo modelo de negócios. O segredo era ser transparente sobre o que ocorreria aos aspectos financeiros, isto é, o quanto a situação ficaria difícil antes de melhorar. "Dissemos à comunidade de investidores que não olhasse os nossos demonstrativos de resultados dos próximos anos, pois não revelariam nada sobre a saúde da empresa", lembra Garret. Ele disse: "Quero que vocês observem o crescimento da quantidade de assinantes, a receita média mensal por usuário e as receitas recorrentes anuais (ARRs)."[43]

Antes que os mercados abrissem no dia do anúncio da mudança, a Adobe fez um comunicado à imprensa em que explicava o novo modelo de negócios e apresentava a nova métrica financeira em detalhes. Quando Garret subiu ao palco, os analistas financeiros já tinham tido tempo de ler e absorver a novidade, permitindo que ele se concentrasse em responder às suas preocupações em vez de cuidar do anúncio em si.

"Tranquilizamos os analistas, explicando que, mesmo que nosso faturamento fosse menor no próximo trimestre, havia uma boa razão para que isso ocorresse, ou seja, as pessoas estavam comprando assinaturas mais depressa do que imaginávamos", explicou Mike Saviage, o vice-presidente de relações com investidores da Adobe.[44] A empresa também deu aos investidores um jeito de converter a ARR para o antigo demonstrativo de resultados para que pudessem ficar à vontade com a nova métrica. Garret lembra que encorajou a equipe financeira a fornecer mais números e orientação aos analistas nesse período, dizendo: "Os analistas não comprarão suas ações se eles não entenderem o modelo de negócios."

Cerca de um ano após o anúncio do lançamento, a Adobe compreendia melhor como o negócio mudaria. Então, ela deu uma previsão da quantidade de assinantes e da ARR aos analistas. "Nós nos arriscamos e apresentamos um plano de três anos de como faríamos a empresa voltar à posição que ocupava para que os investidores vissem a luz no fim do túnel", contou Garret.

Alcançar esses números trimestrais não foi nada fácil. A Adobe teve que ouvir clientes, parceiros de canal e representantes de vendas que estavam com dificuldades em lidar com o novo meio de fazer negócio com a empresa. Contudo, trimestre após trimestre, Sharma e sua equipe definiam e cumpriam as previsões de quantidade de assinantes e ARR. E, com o passar do tempo, essa previsão ficou mais fácil, porque seu painel rastreava as considerações e usos reais.

Atingir as metas financeiras definidas a cada trimestre deu credibilidade junto aos analistas. Wall Street reagiu bem por causa da responsabilidade que a transparência da Adobe tinha criado. De modo aparentemente milagroso, enquanto a receita e os lucros caíam, o preço das ações *subia* (veja a Figura 2.1). "Não cumpríamos a meta de receita para o trimestre, mas lhes oferecíamos números de novos assinantes, que atingíamos ou ultrapassávamos", contou Saviage. "As ações subiam ao mesmo tempo em que não atingíamos os números da receita, o que contraria completamente tudo que aprendi sobre relações com investidores."

Fig. 2.1 Índice de Receitas da Adobe, Renda Líquida e Preço das Ações, T4 2011–T1 2014

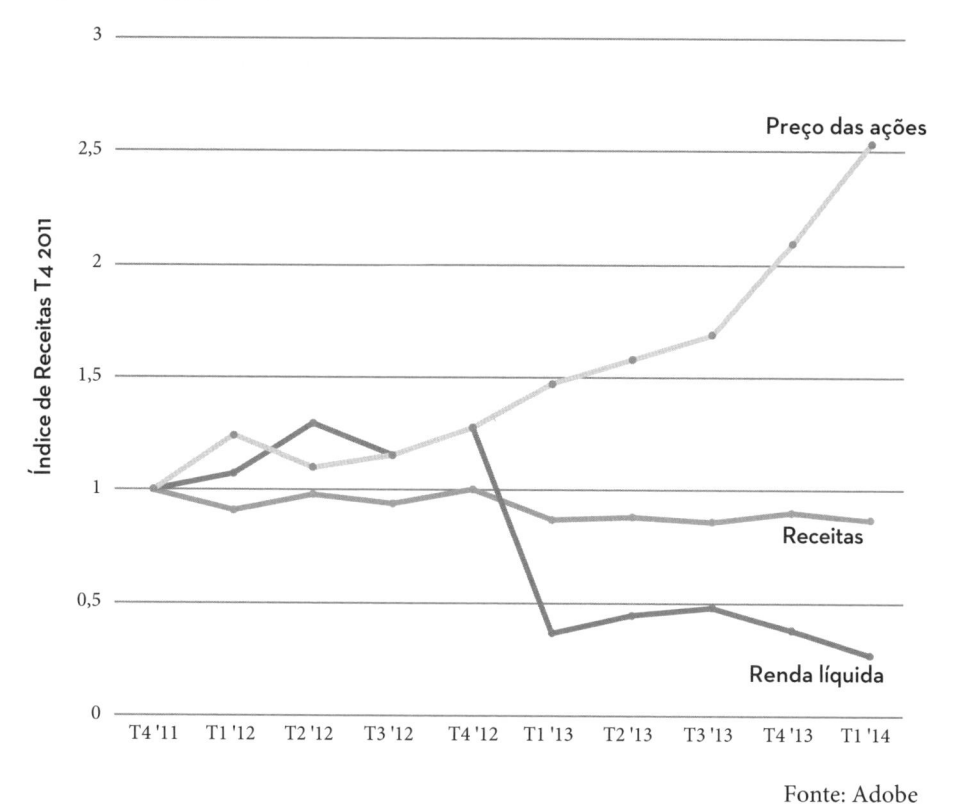

Fonte: Adobe

Como Promover a Transparência

Como vimos com a Adobe, foi necessária uma mudança de perspectiva para formular a estratégia de transformação disruptiva e coragem para adotar uma postura franca com clientes, empregados e investidores sobre a futura mudança. Ao refletir sobre sua estratégia, seu primeiro impulso pode ser recuar, devido à audácia do plano e às implicações de desafiar o *status quo*. Talvez você pense: *Não posso dizer/fazer/pensar isso de jeito nenhum.* Em vez de desistir, eu o aconselho a se aprofundar nessas suposições. Por que não ser franco e transparente sobre a mudança? Por que pensar que as pessoas não saberão lidar com ela? Aqui estão alguns meios para prover a transparência ao longo de toda a transformação disruptiva:

Invista em relacionamentos, cultura e valores antes da mudança. Sharma disse que um dos propulsores do sucesso da transformação da Adobe foi uma cultura há muito tempo consolidada, a qual resumiu como "onde as maiores qualidades vão para casa todas as noites, onde ótimas ideias podem vir de qualquer lugar e para onde as pessoas querem vir trabalhar e dar o seu melhor".[45] Ela repetiu esses valores para si mesma, sua equipe e as muitas pessoas com quem lidou durante a transformação, um lembrete dos valores que davam voz a todos no processo. Quando se preparar para a transformação disruptiva, analise os valores de sua organização. Como eles auxiliam a jornada para o futuro? Ela será longa e difícil, e ser capaz de relacionar as mudanças com o respaldo dos valores da organização será extremamente útil. No Capítulo 5, discuto em detalhes como criar uma cultura em que a franqueza e a transparência prosperam.

Estruture o futuro incerto. Demissões e suspensão de contratos de trabalho são uma parte inevitável e lamentável da transformação disruptiva. Em vez de evitar falar sobre essa realidade, seja franco para minimizar a incerteza. Por exemplo, em meio ao declínio da Nokia como fabricante de telefones, ela criou o Bridge Program [Programa Ponte, em tradução livre], em 2011, que promoveu a transição de 18 mil funcionários em 13 países para novos cargos, ajudando-os a encontrar novos empregos, treinar para novas profissões ou fundar as próprias empresas.[46] Só na Finlândia, 400 empresas foram criadas por cerca de 500 empresários. A existência de tal programa, que proporcionava uma ponte para o próximo passo da carreira, aliviou o estresse e a incerteza de líderes e funcionários e, assim, possibilitou que se concentrassem na transformação da companhia e em seus próximos passos, respectivamente.[47] Ao planejar a estratégia de transformação, usar uma estrutura ajuda a aliviar a ansiedade de um futuro incerto e a tomar as medidas para promover a clareza e a transparência.

Tenha as discussões desagradáveis agora. Que discussões desagradáveis você deixa de lado por receio da consequência? Que questões continuam não resolvidas em relações essenciais — por exemplo, desavenças ou mal-entendidos passados? Antes de iniciar a jornada de transformação, certifique-se de que todos as suas relações importantes estejam firmes e estáveis, não deixe nada sem resolver. Nada pode atrapalhar a coesão, a unidade e a transparência quando se começa essa caminhada.

QUEIME OS BARCOS

No ano de 334 a.C., com a tenra idade de 21 anos, Alexandre, o Grande, partiu para conquistar o imenso Império Persa, governado por Dario III. Alexandre comandou uma frota de 120 navios pelo estreito de Helesponto [hoje Dardanelos] até o território inimigo. Ele sabia que seus homens estavam em número menor, em uma proporção de cinco para um, mas podia pressentir a vitória. Sua primeira ordem para seus capitães: "Queimem os barcos." Confusos, seus homens perguntaram por que eles deveriam destruir a única coisa que poderia levá-los para casa em segurança. Alexandre respondeu: "Voltaremos para casa em navios persas ou morreremos aqui." E eles prosseguiram para conquistar a Pérsia.[48]

Quando organizações passam por uma transformação disruptiva, há muitos dias sombrios, em que as pessoas sonham com os "dias dourados" e desejam que as coisas voltassem a ser como antes. Enquanto houver uma possibilidade de recuar, você não avançará. Enquanto houver a possibilidade de os executivos desistirem e reverterem o curso, seus empregados, clientes e parceiros não se comprometerão totalmente — ou, pior, lutarão contra a mudança.

É aqui que a transformação disruptiva e a gestão da mudança diferem. Na transformação disruptiva, a estrada à frente é tão árdua que você e sua organização precisam se comprometer completamente. Não há como recuar. Deve haver uma convicção plena de que esse é o único caminho a seguir.

Quando a Adobe lançou o produto por assinatura Creative Cloud, o pacote do produto Creative Suite ainda estava no mercado. Administrar os dois foi uma proteção contra o fracasso das assinaturas e também deu tempo à empresa de criar e testar um produto robusto. Além disso, a Adobe ainda não tinha feito as importantes mudanças administrativas necessárias para dar suporte à Creative Cloud em escala. Contudo, a cada trimestre bem-sucedido, ela ficava mais confiante de que as assinaturas funcionariam.

Em maio de 2013, a Creative Cloud tinha meio milhão de assinantes e estava pronta para se comprometer com um futuro baseado em nuvem.[49] Na conferência Adobe Max, os clientes se reuniram na expectativa de anúncios sobre o lançamento do Creative Suite 7. Em vez disso, a Adobe anunciou que as novas funcionalidades só estariam disponíveis por meio da Creative Cloud e que a versão vigente, a Creative Suite 6, não seria atualizada.[50]

A Creative Cloud tinha sido lançada apenas há um ano e o anúncio apanhou o público e os clientes de surpresa. "Esse foi o nosso momento de 'queimar os barcos'", lembra Mark Garret, CFO da empresa. "Estávamos mais preocupados com as pessoas que tinham comprado o pacote de software e se elas fariam a mudança." Continuar a desenvolver e oferecer o pacote de software significava que uma parcela significativa de clientes nunca faria a troca para as assinaturas.

Com esse anúncio, a Adobe mostrou comprometimento total e absoluto com o mundo baseado em nuvem. Não havia como recuar. "O importante foi o fato de termos sido francos com os clientes e dito: 'Esse novo tipo de assinatura e paradigma será melhor para você. E é por isso que acreditamos que a mudança é fundamental'", disse Garret, captando o sentimento dos executivos naquele momento crucial.

A Adobe precisava de toda convicção para manter essa decisão. Uma petição da Change.org criada por clientes indignados do Photoshop circulou rapidamente, coletando mais de 50 mil assinaturas.[51] Detratores acreditavam que mudar para a Creative Cloud era uma tentativa da Adobe de obter mais receita com os usuários e não queriam ter nada a ver com isso. Se a Adobe não tivesse queimado os barcos, ficaria tentada a ceder e retirar o software vitalício do Photoshop da Creative Cloud.

Porém, sem a opção de regredir, a Adobe reuniu-se com influenciadores e clientes importantes para ouvir suas preocupações. Em resposta, a empresa criou uma oferta de assinatura a preço menor, especial para fotógrafos, que incluía apenas o Photoshop e o Lightroom, por apenas US$10/mês, contra os US$50/mês para toda a Creative Cloud. A capacidade de reação e flexibilidade em atender às necessidades e preocupações dos clientes conteve a revolta e comprovou ainda mais o comprometimento da Adobe.

Acompanhei a Adobe de perto durante esse período e fiquei impressionada com o comprometimento e determinação da equipe executiva. Um amigo que trabalhava na empresa na época resumiu bem o processo: "Os executivos da Adobe enfrentaram uma forte reação por parte de clientes, funcionários e investidores nesses dois anos. E eles jamais hesitaram." Essa solidariedade por parte dos executivos deu à Adobe a coragem de declarar que a queda da receita e dos lucros era algo bom para a empresa.

> "Faça ou não faça.
> Tentativa não há."
>
> — Yoda

Não tenha dúvidas: esse foi um período altamente disruptivo e tumultuado para a Adobe. Todavia, o foco nos clientes, o comprometimento com a transparência e a disposição para queimar os barcos permitiu à empresa se tornar melhor e mais forte. A estratégia da empresa para o crescimento disruptivo foi diferente de estratégias e gestões de mudança tradicionais porque exigiu definir e fazer uma aposta alta no futuro, algo que a organização não tinha feito no passado. E o resultado foi positivo. Em 2018, a receita da Adobe foi o dobro da de 2012, a renda líquida foi três vezes e meia maior, e o preço das ações aumentou sete vezes.

Como Queimar Seus Barcos

Ocorre algo surpreendente quando existe foco. A sua visão se limita e você vê apenas o que importa. Sons e distrações se desvanecem e o tempo desacelera. Restam apenas você e o objeto de seu foco. Há clareza em seu propósito. Toda a sua energia está voltada para a tarefa.

Alcançar esse foco e comprometimento é o resultado de queimar seus barcos. Ao eliminar todas as opções de recuo, você pode se voltar unicamente para o sucesso e a vitória. Por esse motivo, queimar seus barcos é essencial para a estratégia de crescimento disruptivo: sua transformação será uma jornada longa, árdua e exaustiva, e você ficará tentado a se virar e voltar. Queimar seus barcos não será fácil. Como seres humanos, estamos condicionados a ter opções, um plano B, porque rotas de fuga e planos alternativos nos protegem quando parece que não atingiremos nossa meta.

Queimar os barcos é se obrigar a ter um comprometimento total quando é difícil fazê-lo. Você reunirá o máximo de dados possível, compreenderá os riscos e avaliará cada decisão. E, quando as tiver tomado, não recuará. Não é possível questionar, especular. Você criará planos de contingência apenas para prever obstáculos que surgirão e encontrar meios de superá-los, mas sempre avançará, porque tudo depende disso.

Você não precisa ser o mais alto executivo da empresa liderando a transformação disruptiva para queimar seus barcos; esse é um exercício útil para qualquer líder. As melhores práticas abaixo eliminam distrações e o ajudam a se comprometer totalmente ao sucesso da estratégia disruptiva.

Defina um prazo. É provável que não haja um inimigo em seu encalço, portanto não crie um. Defina um prazo, de preferência um que crie um pouco de pânico e o obrigue a cumpri-lo. Uma pessoa comprou uma passagem de primeira classe não reembolsável para o Japão para o lançamento de um produto.[52] Essa pessoa sabia que o produto tinha que estar pronto para o lançamento, ou a empresa pagaria uma multa elevada. Da mesma forma, se você está realizando a transição de um produto a outro, ou passando de uma estratégia para a próxima, estabeleça um prazo claro para que todos apenas tenham tempo de fazer ajustes — e, então, aperte o botão. Não se engane pensando que há um momento perfeito ou uma hora certa.

Sinta o que é estar totalmente envolvido. Quando foi a última vez que você esteve totalmente envolvido? Lembre-se de como foi perseguir uma meta importante, sentir a euforia em dar mais um passo à frente, a exaustão que o dominou, mas também a satisfação em sentir o doce gosto do sucesso. Com um projeto breve, permita que você e sua equipe sintam o que significa mergulhar de cabeça. Faça-o do modo correto e verá todos querendo mais.

Elimine amadores e comodistas. Identifique as pessoas que atrapalham o envolvimento total de sua organização. Amadores são pessoas que gostam de mergulhar a ponta do pé na água, sem se comprometer com uma direção ou outra; eles gostam de deixar opções em aberto. Os comodistas acham um meio de dizer: "Não é a melhor hora para mudar. Precisamos de XYZ." Para eles, nunca haverá um momento certo para se comprometer. Fique longe deles ou, melhor ainda, tire-os de sua equipe ou até da empresa. Você precisa de pessoas que estejam prontas para assumir um compromisso e envolvimento total com a estratégia.

Inviabilize o plano B. E se recuar não for uma opção confortável? Pode ser tentador guardar algumas reservas para bancar um plano alternativo, mas isso significa que você não está investindo tudo na estratégia de transformação e que pode recuar a qualquer momento — não ao *status quo*, mas a uma situação muito pior. Quem quer isso?

Tome uma decisão. No fim, você é o único que pode decidir seguir em frente. Identifique seus barcos e prepare-se para queimá-los. O que o está segurando, impedindo de se envolver totalmente? É o medo do fracasso? A falta de recursos ou dados? Como líder, você experimentou fracassos e sobreviveu. Mas nunca criará uma mudança transformativa nem experimentará crescimento exponencial se não tomar uma decisão.

APOSTAR O FUTURO DA EMPRESA SEM FINS LUCRATIVOS NO CRESCIMENTO DISRUPTIVO

Como se vê com o exemplo da Adobe, criar e executar uma transformação disruptiva para promover o crescimento exponencial demanda muito trabalho. Não é uma tarefa para os fracos. Darei mais um exemplo, dessa vez, de uma organização sem fins lucrativos, para ilustrar que o crescimento disruptivo não é exclusivo de empresas que visam lucro, mas interessante para qualquer tipo de companhia. E verá que atingi-lo é igualmente angustiante.

Em 2003, quando Paul LeBlanc assumiu a presidência da Southern New Hampshire University (SNHU), a instituição sem fins lucrativos era um campus que passava por dificuldades em Manchester, New Hampshire, com 2.500 alunos. A universidade tinha um sólido senso de missão: historicamente, atendia alunos que não tinham muitas opções para cursar a educação superior e, muitas vezes, trabalhavam em período integral e iam às aulas à noite ou aos fins de semana. Mas, em 2003, a maioria dos estudantes eram jovens adultos convencionais.

Enquanto LeBlanc se acostumava a sua nova função, ele ficou intrigado com a pequena divisão de aprendizagem online escondida em um canto nos fundos do campus como forma de voltar às raízes da universidade. "O mundo distribui o talento igualmente, mas não faz o mesmo com as oportunidades", observou ele.[53] "Os caminhos nem sempre são os mesmos." Ele via o potencial da internet não só para ampliar a educação além da sala de aula, mas também para atender às necessidades dos alunos, que evoluíam em resposta às rápidas mudanças no mundo.

LeBlanc também estava atento às instituições com fins lucrativos, como a Universidade de Phoenix e Kaplan, que cresciam rapidamente. Ele sentia que o timing era perfeito para que uma universidade sem fins lucrativos e reconhecida como a SNHU competisse com essas gigantes. Um dos grandes diferenciais da universidade era o foco no sucesso dos alunos, especificamente em garantir que se formassem com um diploma reconhecido sem recorrer a pesados empréstimos estudantis. Ele lembra-se de dizer ao conselho: "Temos essa pequena chance de fazer algo grandioso."

Com o aval do conselho, LeBlanc levou vários anos para planejar e executar cuidadosamente uma divisão online. Como a Adobe, a SHNU levou o tempo necessário para acertar. LeBlanc contratou grandes talentos das renomadas organizações com fins lucrativos para contribuir com seu conhecimento de marketing e operações. Eles mudaram o setor online para uma velha fábrica de roupas reformada no centro de Manchester. E adotaram as melhores práticas de marketing e recrutamento de estudantes de organizações com fins lucrativos. Por exemplo, a pesquisa da SNHU revelou que havia uma probabilidade maior de os alunos se inscreverem na primeira universidade que respondia às suas solicitações, então ampliaram o recrutamento de pessoal para o período noturno e finais de semana, que era quando a maioria dos alunos fazia pesquisas e candidaturas.

Contudo, eles mantiveram a missão de uma instituição sem fins lucrativos: investir em consultores acadêmicos e financeiros para garantir que os alunos fizessem os cursos adequados com base em suas limitações financeiras e afinidades acadêmicas. Mais importante, LeBlanc fechou acordos administrativos com o corpo docente do campus, que teria 30 dias para manifestar suas preocupações sobre um curso a distância — mas não poderia interromper sua execução. O apoio de um corpo docente de uma universidade reconhecida era essencial. LeBlanc queria que os alunos online recebessem o mesmo nível de qualidade dos outros.

Em outubro de 2010, a SNHU estava pronta para lançar uma grande campanha nacional na TV. A universidade almejava passar de uma receita de US$50 milhões para uma de US$100 milhões e aumentar dez vezes o número de alunos. Naquele outono, LeBlanc sentou-se a sua escrivaninha e olhou para duas folhas de papel. Uma mostrava os promissores resultados de um recente teste de dez semanas com um anúncio na TV direcionado ao público-alvo, indicando muitos leads. Mas eram apenas leads. A taxa de conversão ainda era um mistério. Era cedo demais para dizer.

A outra folha de papel mostrava o deficit crescente causado pela crise financeira da universidade. As matrículas despencaram, e, pela primeira vez na história da instituição, havia um deficit projetado de US$3 milhões em um orçamento de US$50 milhões — e estava aumentando.

O dilema de LeBlanc era o seguinte: deveriam seguir em frente e investir US$2 milhões, como planejado, em uma campanha nacional na TV para lançar o programa de EAD? Era um dinheiro que não podiam gastar. Se as matrículas esperadas não se concretizassem, a estabilidade financeira e o futuro da SNHU estariam em jogo. Se adiassem o lançamento, dariam vantagem aos concorrentes com fins lucrativos.

Os únicos dados de que não dispunham eram sobre a eficácia da campanha publicitária. Mas LeBlanc tinha confiança de que a equipe poderia otimizar a execução e atingir a receita planejada. "Era um momento decisivo para nós", lembra ele. "Sentíamos que era a hora. Agora ou nunca." Esse foi o momento de queimar seus barcos: eles decidiram pela campanha de TV. Agora tinham que esperar que funcionasse.

Os resultados foram surpreendentes. A SNHU viu sua taxa de matrículas dobrar de um dia para o outro e continuar a crescer. LeBlanc voltou ao conselho em janeiro de 2011 para pedir mais US$4 milhões, para expandir a campanha nacional na TV, e os recebeu sem questionamentos. Hoje, a SNHU tem 102 mil alunos de graduação e 40 mil alunos em busca de qualificação e certificações. Sua taxa de graduação entre alunos de 20 e poucos anos é 50% maior, em comparação com as concorrentes.[54] A receita atingiu US$850 milhões em 2018, com lucro de US$102 milhões, uma margem de 12%, o que pode ser reinvestido na expansão e acesso a programas.

A SNHU continua a promover a transformação disruptiva. Ela planeja atingir uma receita de US$1 bilhão em 2020, e sua meta declarada é atender 300 mil alunos até 2022. Ela trabalha com o Institute for the Future [Instituto para o Futuro, em tradução livre] a fim de identificar e compreender quem serão seus alunos em 2030. Eles desenvolvem uma educação baseada em competência, com a meta de reduzir o custo das mensalidades a US$100 por mês (sim, é isso mesmo: um custo inferior a US$2 mil por ano!) para tornar a educação universitária acessível a todos que a desejarem. E a SNHU conduz iniciativas que possibilitem que refugiados em países como Quênia, Líbano, Malawi e África do Sul obtenham um diploma reconhecido pelos EUA usando a tecnologia e o aprendizado baseado em projetos.[55]

Adoro o caso da SNHU porque exemplifica tudo o que uma organização de transformação disruptiva faz bem: um foco único nas necessidades de alunos futuros, a coragem de tomar decisões radicais com dados insuficientes e o inspirador sucesso do crescimento exponencial resultante. Esse exemplo mostra que as grandes ideias inovadoras vêm de qualquer lugar, até mesmo de uma pequena universidade até então desconhecida. O mundo tem muitos problemas que precisam ser resolvidos, e o único meio de fazê-lo é promover mudanças e crescimento exponencial nas soluções.

AVANÇANDO

O senso comum prega que as organizações não podem provocar a própria disrupção — que há muitos interesses arraigados a serem desarticulados, e uma transformação muito radical desintegraria a empresa. Mas a Adobe e a SNHU provaram o contrário. Elas poderiam ter recuado a qualquer momento, ao ver os assustadores desafios como insuperáveis. Mas persistiram, encontrando uma profunda convicção para continuar a jornada — uma convicção que veio da visão clara de quem estavam tentando atender.

Ao progredir com o plano de transformação disruptiva, continue concentrando-se em quem você está tentando atender, estruturando seu "porquê" e seu propósito com base nas necessidades dos futuros clientes. Desenvolva responsabilidade e confiança com transparência, isso o sustentará em tempos difíceis. E, mais importante, deixe claro que a única opção é avançar para conquistar o comprometimento total de sua equipe e colocar a estratégia em prática.

CONCLUSÕES

- Planeje despender tempo e recursos para fazer uma pesquisa rigorosa e embasar um caso para sua estratégia de disrupção.
- Crie e mantenha confiança com transparência. Para conseguir apoio, as pessoas precisam acreditar que você está comprometido a compartilhar e a ouvi-las — e a mudar a estratégia, se necessário.
- Garanta o comprometimento total da equipe ou empresa queimando os barcos. Todos precisam estar totalmente envolvidos e compreender que recuar não é uma opção.

"Só é de fato um movimento se ele se move sem você."

— Jeremy Heimans e Henry Timms,
coautores de *O Novo Poder*

CAPÍTULO 3

LIDERANDO UM MOVIMENTO DISRUPTIVO

Você já fez parte de um movimento? Participou de alguma manifestação esportiva, religiosa ou política? Marchou em prol de justiça social ou arrecadou fundos para uma causa? Então sabe o que é acreditar ou pertencer a um movimento que busca mudar o *status quo*.

Um movimento é simplesmente um grupo de pessoas que trabalham juntas para alcançar um determinado conjunto de metas. A visão e o propósito criam vida própria, indo além da influência de um único líder para serem adotados por aqueles que querem fazer parte da mudança.

Em minha pesquisa, descobri líderes que iniciaram movimentos para criar uma transformação disruptiva. Para impulsioná-la, todos os afetados pela estratégia de crescimento devem entendê-la e saber que papel desempenham dentro dela. Eles também devem ser inspirados a acreditar que juntos atingirão resultados que antes imaginavam impossíveis.

Movimentos ajudam líderes a fazer duas coisas. Primeira, atraem as pessoas à transformação. Para executar uma audaciosa estratégia de crescimento, cada pessoa na organização deve estar inspirada a agir de modo coordenado e intencional. Em uma transformação disruptiva, não há espaço para participantes passivos que aguardam ordens nos bastidores. É preciso que todas as pessoas contribuam e liderem de onde se encontram. Dessa forma, o movimento pega fogo e se espalha, criando vida própria, não mais condicionado pelos limites da influência de outrem.

Segunda, movimentos criam um forte senso de tribalismo e pertencimento, que une e sustenta as pessoas em tempos difíceis. Quando se veem diante de um contratempo ou incerteza, ser parte de um movimento as faz lembrar que não estão sozinhas, que juntas podem superar o desafio.

Em 2010, escrevi *Liderança Aberta*, que explica como os líderes podem ser mais francos, transparentes e autênticos, a fim de construir relacionamentos melhores com as pessoas que desejam liderar. Minha constatação surpreendente foi que os líderes precisam de *mais* rigor e disciplina para ser francos do que para ser fechados e reservados. Defina o quanto será franco, transparente e autêntico. O mesmo ocorre com movimentos: quando se prepara para se desapegar, a fim de que o movimento prospere, é preciso passar mais tempo definindo seus parâmetros. Estabeleça diretrizes e padrões ao mesmo tempo em que se descentraliza e democratiza a tomada de decisões. É preciso criar unidade ao redor da declaração de propósito central enquanto se proporciona espaço para que surja uma mistura de vozes. E é preciso lembrar a todos da visão comum, inspirando-os a continuar engajados e ativos, em vez de controlar e dirigir todas as suas ações.

Vamos acompanhar o exemplo de um líder que fez exatamente isso — e sua causa cresceu mais depressa do que qualquer pessoa poderia imaginar.

MOVIMENTOS NÃO SÃO CONTROLADOS, MAS INSPIRADOS

A parte mais difícil de orientar uma estratégia de crescimento disruptivo é criar uma estrutura capaz de orientar e inspirar um movimento dentro da empresa — e deixá-lo caminhar sozinho. Os líderes disruptivos reconhecem que os movimentos não são controlados, mas inspirados. Quando inspiradas, as pessoas os tornam sua missão pessoal, dedicam-se ao máximo, agem com mais rapidez e impulsionam um crescimento exponencial.

Recentemente, em um outono em São Francisco, tive a chance de ver os frutos dessa abordagem em uma festa de arrecadação de fundos para a Sponsors for Educational Opportunity (SEO), uma instituição sem fins lucrativos que prepara jovens carentes e sub-representados para ter sucesso na faculdade e na vida profissional. As famílias dos alunos com que a SEO trabalha têm renda média inferior a US$32 mil por ano, um grupo demográfico que normalmente constata só 20% de jovens indo para a faculdade. Mas, na SEO, 100% dos alunos vão à faculdade e 90% deles se formam, graças ao programa de mentoria para universitários que a instituição oferece.

O salão de baile naquela noite estava lotado, com mais de 300 das pessoas mais poderosas e influentes da cidade, reunidas para ouvir celebridades como Henry Kravis, co-CEO da KKR, uma das maiores firmas de investimento do mundo; Dan Schulman, CEO do PayPal; e Vicky Tsai, fundadora da marca de cosméticos Tatcha, ela mesma formada pela SEO.

Embora todos fossem palestrantes excelentes, o mais cativante foi Enrique, um aluno do ensino médio que morava em uma quitinete com os pais, o irmão e a avó. Enrique quase não subiu ao palco, mas estava determinado a contar seus problemas e sonhos. Ele foi humilde, engraçado e representava o potencial humano que a SEO procura fazer progredir. Quando se sentou de volta, a porção de doações referente ao segmento Fund-a-Need disparou, angariando US$350 mil do total de US$1,4 milhão arrecadado na noite.

Mas a SEO é muito mais do que uma história emocionante. Ela é o exemplo de uma organização que teve que passar por um processo de disrupção e transformação para ser o que é hoje. A SEO apoia quase mil alunos do ensino médio e 850 alunos universitários todos os anos nos Estados Unidos, Pequim, Xangai, Hong Kong, cidade de Ho Chi Minh, Hanói, Lagos e Acra (capital de Gana). Mas, por quase 20 anos antes, ela era um pequeno programa passando por dificuldades na cidade de Nova York.

Michael Osheowitz, seu fundador, atingiu a maioridade na era dos direitos civis. Enquanto construía uma carreira em Wall Street, tornando-se presidente da empresa de consultoria financeira Arthur Schmidt & Associates, fundou a Sponsors for Educational Opportunity (SEO), na cidade de Nova York, em 1963. A meta da organização era orientar alunos carentes e ajudá-los a entrar em faculdades e universidades competitivas. Como profissional de investimentos, tinha contatos em bancos e empresas de contabilidade a quem poderia recorrer para se tornarem mentores.

No final dos anos 1970, a SEO ajudara centenas de estudantes negros a concluir o ensino médio e ingressar na faculdade, mas estava com dificuldades em recrutar estudantes e mentores. A qualidade da mentoria variava de acordo com as habilidades dos mentores de ajudar estudantes diferentes deles. Esses mentores também não ofereciam o que era necessário para complementar os decadentes programas acadêmicos de Nova York. Osheowitz também tinha imaginado contar com os alunos de graduação da SEO para voltar e atuarem como mentores, mas poucos o faziam, o que significava que a organização tinha que recrutá-los constantemente.

Para prosseguir, Osheowitz compreendeu que a SEO teria que formalizar os programas com pessoal contratado, a fim de criar e fornecer um currículo sólido que preparasse os estudantes para os rigores da faculdade. Ao mesmo tempo, nutria o sonho de diversificar o setor financeiro. Ele acreditava que a SEO seria o catalisador para revolucionar Wall Street. O problema era que outros setores superavam o setor financeiro na diversificação da força de trabalho. Ao contrário de outras empresas Fortune 500, a maioria dos bancos de investimento não dispunha de programas formais para identificar e contratar negros.

Osheowitz deu-se conta de que, para tornar a SEO relevante para o setor de bancos de investimento, precisava: (1) diversificar o setor bancário; (2) divulgar aos jovens talentosos carreiras que nunca imaginaram; e (3) garantir o apoio do setor bancário aos programas da SEO.

No final de 1979, Osheowitz foi apresentado por Robert Menschel, diretor sênior do Goldman Sachs, a John Whitehead, então vice-presidente do Goldman Sachs, o maior e mais proeminente banco de investimentos de Wall Street. A empresa de consultoria financeira de Osheowitz tinha trabalhado com Whitehead em várias operações, e os dois se conheciam bem. Whitehead também conhecia a SEO porque Osheowitz sempre falava sobre o programa com todos que conhecia. "Começamos a falar sobre como o setor de bancos de investimento era dominado por brancos e homens", lembra Osheowitz. "Eu disse a John que nós, da SEO, realmente poderíamos fazer algo a respeito e perguntei se ele poderia me ajudar."

Whitehead logo acolheu a ideia e pediu que Osheowitz, Robert Menschel e Robert Burke, diretor de RH, desenvolvessem um plano. Quando foi concluído, Whitehead pôs Osheowitz em contato com Robert Baldwin, presidente do Morgan Stanley, e George Shinn, presidente do First Boston. Apresentações a CEOs de outras empresas de Wall Street se sucederam de imediato.

A ideia era simples e atraente: a SEO identificaria os estudantes universitários negros mais talentosos nos Estados Unidos para trabalharem como estagiários remunerados nos bancos de investimento participantes ao longo do verão após o terceiro ano de faculdade. No início do verão, a SEO ofereceria um treinamento intensivo para apresentar as regras formais e táticas de Wall Street. Os CEOs e outros parceiros seniores dessas empresas apresentariam seminários durante todo o verão e designariam um mentor da companhia para orientar cada estudante nesse período.

Durante o rigoroso inverno de 1980, Osheowitz visitou faculdades e universidades de renome para realizar sessões informativas. Mais de 100 estudantes negros se inscreveram e a SEO selecionou 11 — quatro moças e sete rapazes de Harvard, Yale, Columbia, Dartmouth e Wesleyan — para compor a primeira turma. Eles sofreram muita pressão. Um dos primeiros participantes, e depois membro do conselho da SEO, Walter Booker, lembra: "Ficou claro que não estávamos ali só por nós... se alguém pisasse na bola, não estaria prejudicando só a si mesmo, mas fechando as portas da empresa para os que viriam depois."[56] Os estudantes não só não pisaram na bola, como se superaram. No final do verão, todos os 11 estagiários foram convidados a trabalhar em período integral nas empresas em que fizeram o treinamento.

Hoje, o programa de bancos de investimento faz parte da SEO Carreiras e inclui estágios e mentoria em outras áreas, como direito, gestão corporativa e consultoria em gestão. De seus mais de 14 mil graduados, mais de 75% tiveram ofertas de emprego de importantes empresas de serviços financeiros. O projeto agora inclui programas de estágio e mentoria também em outros setores como consultoria de gestão e investimentos alternativos. Além disso, o apoio financeiro dos bancos de investimento possibilitou a expansão de programas para o ensino médio, com mais de 13 mil ex-alunos com diploma universitário.

O que começou como o sonho de uma pessoa se tornou um movimento. Testemunhei seu impacto em primeira mão. Como resultado de minha pesquisa na SEO, tornei-me mentora de um aluno da primeira série do ensino médio em São Francisco. Metade de meus colegas mentores são ex-alunos da SEO. Após 40 anos de envolvimento, muitos dos primeiros participantes hoje ocupam cargos executivos nas empresas mais importantes dos EUA, contribuindo com a muito necessária diversificação étnica e de gênero.

O sucesso de Michael Osheowitz em colocar a SEO em modo de crescimento acelerado em 1980 se baseou em uma percepção decisiva: a compreensão de que ele não poderia ser o líder do movimento. De fato, sua humildade e autodepreciação se destacaram como exceção no setor de serviços financeiros. Ele admite que adotar uma posição de comando não combinava com sua personalidade.

> "Nunca duvide que um pequeno grupo de pessoas conscientes e engajadas possa mudar o mundo. De fato, sempre foi assim que o mundo mudou."
>
> — Atribuído a Margaret Mead,
> **antropóloga cultural**

Mais importante, ele compreendeu que, para a SEO crescer, teria que se afastar e permitir que outras pessoas construíssem o movimento como se fosse delas. "Para realizar coisas grandiosas, você precisa fazer com que os outros acreditem que são eles quem criam a mudança, e apoiá-los e se afastar, e estar disposto a não ser o centro das atenções", falou. Os CEOs das principais instituições financeiras de Wall Street precisavam se apoderar do programa. Esse foi o caso de Henry Kravis, fundador e CEO da empresa de fundos de investimento KKR. Kravis foi um dos fundadores do Programa de Investimentos Alternativos da SEO, e, quanto mais a conhecia, mais convencido ficava das oportunidades que oferecia. Ele se tornou presidente da SEO em 2014 e ao lado de William Goodloe, diretor-executivo da organização, impulsionou o crescimento e os resultados recentes da instituição.

Para muitos líderes, abdicar do controle é um dos principais motivos pelos quais desistem de criar um movimento: parece muito arriscado e perigoso permitir que terceiros desempenhem um papel de liderança em épocas tumultuadas e disruptivas. Entendo o quanto isso pode ser desconfortável, mas também sou testemunha de que abrir mão do controle vale a pena.

Nos primeiros dias da Altimeter, chamei três parceiros para conduzir nossa estratégia e presença de formas exponenciais. Tive que abdicar do controle e aceitá-los como iguais. Como resultado, cada um se mostrou desejoso de colocar marcas e seguidores pessoais em segundo plano em relação à Altimeter. A marca e a influência da Altimeter cresceram rapidamente, rivalizando com empresas de analistas consagradas, até maiores. Nossa força conjunta foi maior do que teríamos de forma isolada.

O segredo de abdicar do controle e permitir que terceiros assumam o movimento é recrutar os seguidores adequados. Vamos analisar melhor como encontrar e desenvolver esses primeiros seguidores essenciais.

ENCONTRANDO SEUS PRIMEIROS SEGUIDORES

Para criar um movimento de transformação disruptiva, você precisa de seguidores — não quaisquer seguidores, mas pessoas que assumam responsabilidades, liderem e adotem o movimento como se fosse seu. Em 1988, Robert Kelley publicou na *Harvard Business Review* um dos primeiros trabalhos sobre seguidores, "In Praise of Followers". Nesse artigo, ele identifica cinco tipos de seguidores nas organizações (veja a Figura 3.1).[57]

A maioria dos funcionários são dependentes e acríticos, inserindo-se em duas categorias, as quais Kelley chama de "Ovelhas" (passivos e acríticos, sem iniciativa e senso de responsabilidade) e "Conformistas" (ativamente deferentes, dependentes da inspiração do líder). Outra categoria inclui os "Alienados", críticos e pensadores independentes, mas passivos em seus papéis; ocorreu algo que os transformou em céticos insatisfeitos. "Sobreviventes" não se encaixam em uma categoria formal de seguidores; são pessoas capazes de se metamorfosear em qualquer um dos outros tipos, dependendo de quem os lidere.

Fig. 3.1 **Cinco Tipos de Seguidores**

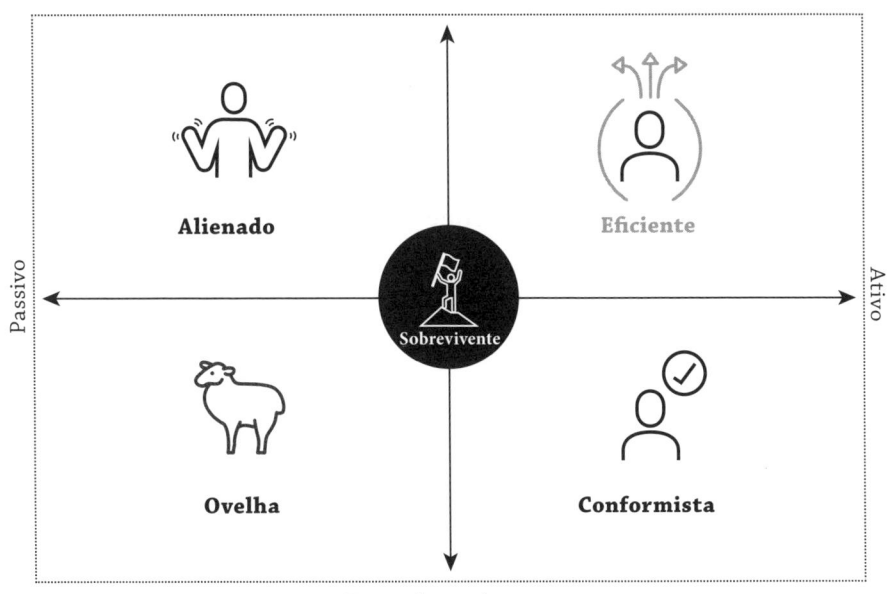

Alguns Seguidores São Mais Eficientes
Independente, Crítico

- Alienado
- Eficiente
- Sobrevivente
- Ovelha
- Conformista

Passivo — Ativo

Dependente, Acrítico

Fonte: Robert Kelley, *Harvard Business Review*, novembro de 1988

Porém, se quiser que a estratégia de crescimento disruptivo tenha êxito, terá que encontrar, desenvolver e preencher sua organização com o que Kelley chama de "Seguidores Eficientes" — pessoas que "pensam por si mesmas e executam as funções e tarefas com energia e assertividade" e que são "arrojadas, autossuficientes e solucionadoras independentes de problemas". Segundo Kelley, essas são as mesmas qualidades de um líder eficiente. "Ser um seguidor é desempenhar um papel", escreve, "e o que distingue seguidores de líderes não é inteligência ou caráter, mas o papel que desempenham".

Como você pode encontrar e preparar esses seguidores eficientes? Ao definir e fomentar um relacionamento entre você e eles de forma intencional. Como Jim Kouzes e Barry Posner, gurus da liderança, explicam em seu livro inspirador, *O Desafio da Liderança*: "A liderança é um relacionamento entre os que querem liderar e os que são inspirados a seguir."[58] Como líder, se criam expectativas sobre o que é um seguidor eficiente e se definem os papéis e responsabilidades dos seguidores em relação ao líder: você. Eles seguirão suas ordens cegamente? Ou assumirão as responsabilidades da liderança?

Praticar e definir quem serão os seguidores é importante na formação de um movimento disruptivo porque as coisas se movem e mudam tão depressa que você precisa de seguidores eficientes que assumam papéis de liderança. E, como vimos com Michael Osheowitz e a SEO, os seguidores mais importantes que você deve conseguir são os seus primeiros seguidores. John Whitehead, CEO do Goldman Sachs, rapidamente se transformou e assumiu o papel de líder, recrutando outros primeiros seguidores para a SEO.

No TED Talk "Como Iniciar um Movimento", Derek Sivers ilustra muito bem a importância dos primeiros seguidores.[59] Na palestra, ele mostra um vídeo de um indivíduo sem camisa dançando em uma encosta ao som de uma música inaudível. Aqui está a transcrição de alguns trechos:

Um líder precisa de coragem para ficar só e parecer ridículo. É muito fácil seguir o que ele faz. Aqui está seu primeiro seguidor com um papel crucial; ele vai mostrar a todos como seguir.

Note que o líder o acolhe como um igual. Agora, não é mais só o líder que importa; são os dois, plural. É preciso coragem para isso. O primeiro seguidor transforma o maluco solitário em líder. E lá vem o segundo seguidor. Agora não é mais um maluco solitário, nem dois — três é uma multidão, e uma multidão é novidade. Um movimento precisa ser público. É importante mostrar não só o líder, mas os seguidores, porque você descobrirá que novos seguidores imitam seguidores, não o líder.

Ali vêm mais duas pessoas e, imediatamente depois, mais três. Agora pegamos o embalo. Chegamos ao ponto alto. Agora temos um movi-

mento. Quanto mais pessoas participam, menos arriscado fica. Então, os que antes estavam indecisos não têm motivo para não aderirem ao movimento. Eles não se destacarão. Não serão ridicularizados, mas, se apressarem-se, serão parte da multidão que se destaca.

Tiramos duas conclusões desse TED Talk. Primeira, o líder trata o primeiro seguidor como igual. Segunda, o primeiro seguidor o valida, endossando que a visão não é absurda. Foi isso que aconteceu entre Michael Osheowitz e John Whitehead: a credibilidade de Whitehead como primeiro seguidor iniciou o movimento que impulsionou o crescimento disruptivo da SEO.

Talvez você não consiga a participação do CEO do banco de investimento mais prestigioso do mundo para sua estratégia de transformação disruptiva. Talvez nem mesmo consiga que muitos membros de sua equipe executiva ouçam suas ideias. Contudo, só precisa de um primeiro seguidor que seja inspirado pelo que deseja realizar e possibilitar que ele atraia mais seguidores.

Funcionários (e clientes) apoiarão sua estratégia disruptiva somente se você tiver a credibilidade e a confiança deles. E eles só se tornarão ardorosos seguidores e parte de um movimento se acreditarem que seus melhores interesses estão no centro de tudo que faz. Em sua vida profissional, Osheowitz desenvolveu uma ampla rede de contatos pelo mundo dos bancos de investimento, e todos conheciam seu entusiasmo em relação à SEO, o que possibilitou que iniciasse com credibilidade as primeiras discussões sobre a expansão da instituição. Porém ele teve que conquistar a confiança de todos ao tratá-los como parceiros iguais.

TRÊS FORMAS DE CONSTRUIR SEU MOVIMENTO

Do mesmo modo que Osheowitz entendeu que precisava despertar um movimento entre os líderes de Wall Street, a fim de desenvolver a SEO e diversificar Wall Street, John Legere, CEO da T-Mobile, sabia que precisava transformar a estratégia Un-carrier, sobre a qual falei no Capítulo 1, em movimento, principalmente dentro da empresa. A estratégia Un-carrier se concentrou na companhia como favorável ao cliente. Todavia, Legere entendeu que *dizer* que o negócio favoreceria o cliente não seria suficiente. Para de fato ser diferente, realmente ser uma "não operadora", a T-Mobile e todos os seus funcionários tinham que *ser* favoráveis aos clientes em tudo que faziam e, no processo, criar um movimento que dava força a colaboradores e clientes. Segundo o raciocínio de Legere, se a T-Mobile quisesse ouvir os clientes e, então, fazer o que eles disseram que queriam, a empresa teria que mudar todas as suas ações.

Em termos de estilo, provavelmente você não encontraria líderes mais diferentes do que Michael Osheowitz e John Legere: Osheowitz fica longe dos holofotes, enquanto Legere gosta do envolvimento com o público. O modo pelo qual aparecem e desenvolvem relacionamentos é resultado do tipo de pessoa e, portanto, de líder que são. Mas não há dúvidas de que criar um movimento está no centro das práticas de liderança de ambos.

É provável que muitos estejam em uma encruzilhada, tendo que decidir se e como colocarão uma estratégia de crescimento disruptivo em prática. É essencial que você reflita sobre que tipo de líder será. Como criará e sustentará — como Osheowitz e Legere — um movimento que transformará seu crescimento disruptivo em realidade?

Em minha pesquisa, descobri que há três modos de criar um movimento:

1. Identificar seguidores e definir seu relacionamento com eles.
2. Redigir um manifesto que inspire a ação.
3. Sustentar uma presença de liderança consistente.

Mostrarei *por que* e *como* eles funcionam, principalmente na T-Mobile, e darei conselhos sobre como começar a colocá-los em prática.

IDENTIFICAR SEGUIDORES E DEFINIR SEU RELACIONAMENTO COM ELES

Enquanto a T-Mobile desenvolvia sua estratégia Un-carrier, a empresa sabia que, se ouvisse os clientes e fizesse o que eles pediam, seus funcionários teriam que realizar seu trabalho de uma forma diferente. Legere se deu conta de que precisava se conectar aos colaboradores e definir como seria esse relacionamento.

Um momento de pré-lançamento foi especialmente importante para criar força junto aos empregados. No outono de 2012, Legere viu a próxima Exposição de Eletrônicos de Consumo (CES) como uma oportunidade de visualizar o posicionamento da Un-carrier. À época, a T-Mobile não tinha nada de significativo para anunciar; mas, mesmo assim, Legere aproveitou para fazer alguns pronunciamentos dignos de nota. Aqui está um trecho do que ele disse na coletiva de imprensa da T-Mobile:[60]

> *Nossa rede é mais rápida do que a da AT&T e a da Verizon na cidade de Nova York. Alguém aqui é de Nova York? Alguém aqui usa a AT&T? E os que a usam estão satisfeitos? Claro que não, porque a rede é um lixo!*

> *Será possível perceber nossa presença no primeiro trimestre quando transmitirmos algumas mensagens específicas da estratégia Un-carrier ao abordá-las com atitude. Acho que verão pessoas se gabando, mostrando uma atitude arrogante, ataques agressivos a nossa concorrência. Tudo de brincadeira, é claro...*

> *Trata-se de solucionar alguns pontos críticos dos clientes. Clientes que não suportam faturas confusas, falta de transparência, surpresas, falta de liberdade, de flexibilidade e de capacidade de controlar o próprio destino. Clientes que não suportam ser tratados como cidadãos de segunda classe devido à duração e ao prazo do serviço.*

Um CEO não fala assim! Legere enfrentava a concorrência, chamando-a de "lixo" e insinuando que mentia. "John falava de um jeito totalmente incomum e aparecia de um modo totalmente diferente de qualquer outro executivo de telecomunicações", lembra Andrew Sherrad, vice-presidente sênior de marketing da T-Mobile na época.

Embora o aparecimento na CES tenha causado sensação na imprensa, Legere sabia quem era seu público: os colaboradores que o assistiam de casa. Imagine que você seja um cansado funcionário da T-Mobile e acaba de ver seu CEO subir no palco e desafiar, pública e agressivamente, o líder do setor. Os colaboradores que se esforçavam muito para fazer o lançamento da Un-carrier acontecer em março podiam ver que Legere estava lá apoiando-os, levando a briga para os concorrentes. "Isso ajudou a reanimar a empresa", lembra Sherrard. "As palavras de John só aceleraram nossos esforços."

Como líder, Legere compreendeu que a jornada que o esperava seria longa e exaustiva, e se estenderia por anos. Ele tinha que motivar a T-Mobile para que fizesse mais do que executar a estratégia; seus funcionários tinham que acreditar que todos estavam em uma missão para mudar o cenário da telefonia celular em prol dos clientes. Ele os reconheceu e tratou como seus primeiros seguidores.

Como Manter os Relacionamentos com os Seguidores no Centro do Movimento

Para criar um movimento do jeito que Legere fez, é preciso pensar com cuidado em como engajar seus seguidores. Imagine que, daqui a um ano, você realize uma reunião com as pessoas mais envolvidas com seu movimento. Quem está na sala? Quem está conduzindo-a? Como são feitas as decisões? Você está falando muito na reunião? Não há respostas certas ou erradas para essas perguntas, mas dedicar um tempo a elas o ajudará a definir o relacionamento entre você, os primeiros seguidores e o movimento. Para chegar lá, pense nestas duas melhores práticas:

Identifique seus primeiros seguidores. Você só precisa de uma ou duas pessoas para começar, mas não escolha a primeira que erguer a mão! Michael Osheowitz esperou décadas até que surgissem a pessoa e o momento certos antes de iniciar o programa de banco de investimento na SEO. Ele sabia que sem o primeiro seguidor-chave teria poucas chances de lançar o programa com sucesso. John Legere estabeleceu um cenário mais amplo ao falar com seu público interno, os funcionários da T-Mobile, principalmente os que trabalhavam na iniciativa Un-carrier. Dedique um momento para definir quem seriam seus seguidores ideais — não tanto em termos de pessoas específicas, mas no que diz respeito a habilidades e recursos com que possam contribuir para dar início ao movimento. Podem ser as conexões, mas também a disposição de arregaçar as mangas e trabalhar.

Defina o relacionamento a partir do ponto de vista dos seguidores. Como líder, é tentador definir e medir o relacionamento do seu ponto de vista ou da organização. Mas recue um pouco e analise-o do ponto de vista dos seguidores. O que eles têm a ganhar? Aqui estão algumas perguntas para orientar seu processo de pensamento sobre este tema:

Como os seguidores se sentirão sobre você daqui a um ano? Procure imaginar como eles se sentirão após uma discussão com você. Espero que palavras como capacitados, energizados, fidedignos, motivados e inspirados estejam nessa lista. O que é preciso fazer, como líder, para criar relações que despertem esses sentimentos?

Como as informações serão partilhadas e as decisões, tomadas para criar esses sentimentos que acabou de definir? Confiança e relacionamentos não se desenvolvem isoladamente; são construídos com cada interação bem-sucedida entre as pessoas. Que informações pode partilhar desde o início para mostrar que não só confia em seus seguidores, mas acredita que podem usá-las e agir com base nesse conhecimento? Que perguntas e decisões lhes apresentará para indicar não só que valoriza suas ideias, mas confia em sua capacidade de tomar decisões?

Quais são seus pontos fortes e fracos — você está disposto a revelá-los? Nada cria confiança e relacionamentos mais depressa do que a honestidade e a vulnerabilidade. Seus primeiros seguidores querem saber como você acha que pode contribuir melhor e como podem compensar algum ponto fraco ou deficiência que tenha. Isso não significa que tenha que contar tudo a seu respeito, mas pergunte-se o que pode partilhar para criar e aprofundar o relacionamento.

REDIGIR UM MANIFESTO QUE INSPIRE A AÇÃO

Depois de definido o relacionamento com seus seguidores, é essencial inspirá-los a continuar engajados e ativos no movimento e na estratégia de crescimento disruptivo. Lembre-os de seu propósito em comum para que eles possam agir com independência. Ao mesmo tempo, ofereça-lhes parâmetros para todos agirem em sincronia. A maioria das empresas tem uma declaração de visão que espera servir de orientação para seus funcionários. Em geral, ela é uma única frase, que serve de atalho para visualizar onde se deseja estar no futuro. O problema é que uma única frase deixa muita margem para interpretação.

Esse é o motivo pelo qual manifestos são tão importantes para uma estratégia de crescimento disruptivo: eles pintam um quadro do futuro em cores vivas e ousadas. Um manifesto é uma declaração pública do objetivo e das intenções da organização. Ele é redigido tendo os futuros clientes em mente, dizendo-lhes por que você existe e documentando em que sua organização acredita. O manifesto também atrai pessoas — funcionários e clientes — que querem fazer parte do seu movimento.

Ao longo da história, houve manifestos notáveis. Em 1517, Martinho Lutero pregou suas *95 Teses* na porta da Igreja do Castelo de Wittenberg — e deu início à Reforma Protestante.[61] *O Manifesto Comunista*, escrito por Karl Marx e Friedrich Engels em 1848, fundamentou a revolução comunista em todo o mundo.[62] Hoje, organizações de todos os tipos usam manifestos. Por exemplo, a Piedmont Healthcare, um sistema de saúde sem fins lucrativos composto de 11 hospitais sediados em Atlanta, criou o seguinte manifesto para orientar sua estratégia de experiência do cliente:

Na Piedmont Health, estamos todos voltados para um objetivo — fazer a diferença em cada vida que tocamos. De nossas linhas de frente à área administrativa e todos os outros setores, somos todos cuidadores, trabalhando juntos nos bastidores para que você se sinta importante e bem atendido. Isso significa oferecer atenção individual e usar todos os recursos, humanos e digitais, para compreender os aspectos de sua jornada no atendimento de saúde de modo integrado. Na Piedmont Healthcare, temos uma prioridade: realmente proporcionar genuíno bom atendimento. Esse é o nosso jeito. O Jeito Piedmont.

Aqui estão outros exemplos de manifestos criados por várias organizações:

- Apple. A campanha publicitária da empresa em 2011 "Pense Diferente" foi basicamente um manifesto. Ela começava: "Isto é para os loucos..." (www.thecrazyones.it — conteúdo em inglês)
- Nextdoor. Uma rede social com base na vizinhança, a Nextdoor começa seu manifesto com as palavras: "Somos a favor dos vizinhos." (www.nextdoor.com/manifesto — conteúdo em inglês)
- (Red). A última linha do manifesto dessa organização sem fins lucrativos, fundada para livrar o mundo da AIDS, diz: "Há um fim para a AIDS. É você." (www.red.org/red-manifesto-1 — conteúdo em inglês)

A T-Mobile juntou-se a essas organizações para criar um manifesto poderoso antes do lançamento da Un-carrier, em março de 2013. Na época, a empresa tinha 40 mil funcionários que não só precisavam compreender a estratégia Un-carrier, mas também tinham que mudar quase tudo que diziam e faziam no trabalho para se tornarem a personificação dos clientes do produto. Foi uma grande mudança a ser feita em um prazo muito curto.

Inicialmente criado como um guia de comunicação de marketing, o Manifesto Un-carrier ganhou impulso internamente como um guia de desenvolvimento e experiência do produto.[63] Ele começa: "Não somos como as outras empresas. Por que seríamos? Elas estão no setor de telefonia. Nós mudaremos o setor de telefonia. Assumidamente, somos a 'não operadora'." (Leia o manifesto completo em https:// www.businessinsider.com/t-mobile-ceo-john-legere-un-carrier-manifesto-2016-10 — conteúdo em inglês.) O manifesto, antes um guia interno, se tornou a mobilização do pessoal de linha de frente, dos call centers aos pontos de venda, para trazer a estratégia Un-carrier à vida. Os parágrafos do início e do fim do manifesto captam a visão e as ações necessárias para se tornar Un-carrier: "Nós mudaremos o setor de telefonia" e "Seremos implacáveis".

A T-Mobile também mudou o modo de treinar os funcionários — as pessoas que criariam a experiência Un-carrier para os clientes. Como a empresa iniciava mudanças tão depressa, houve momentos inevitáveis em que as coisas não corriam conforme o planejado. A educação e o treinamento incluíram cenários em que políticas e procedimentos padrão podiam ser rompidos, capacitando empregados a tratar cada cliente como um indivíduo. Nesses momentos, sem um roteiro ou procedimento definido, os funcionários tiveram que contar com o que se lembravam do Manifesto Un-carrier para orientar suas ações.

Testei esse cenário em uma visita recente a uma loja da T-Mobile em um shopping center local e perguntei a dois vendedores como funcionava o sistema de pagamentos de bônus. Eles disseram que metade se baseava no quanto você vendia para os clientes. A outra metade, na classificação de satisfação do cliente com toda a loja. Todos tinham que trabalhar em equipe para garantir que os clientes fossem ouvidos e atendidos. Cada um explicou em detalhes como isso funcionava, dando exemplos de como cuidavam dos clientes um do outro, *porque era assim que agiam em relação à Un-carrier*.

Como Elaborar um Manifesto que Resulte em Ação

Para criar seu próprio manifesto, pense nele como ideias inspiradoras abrangentes de uma narrativa para seu movimento. Se os funcionários e clientes o seguirem na difícil e arriscada jornada para a transformação disruptiva, não é suficiente que eles entendam o manifesto. Eles precisam *senti-lo*, lembrar e se apropriar dele. Talvez eles não se lembrem de palavra por palavra, mas se lembrarão da emoção e recorrerão a ele para orientar ações específicas que tomarem por conta própria.

Aqui estão algumas dicas para ajudá-lo a começar a redigir seu manifesto:

Comece com uma reclamação. Em um grande post, a escritora de negócios Sharon Tanton recomenda esta abordagem: identifique o que está errado no mundo.[64] As coisas não seriam muito melhores se as pessoas fizessem algo diferente? Se tivesse uma varinha mágica, o que mudaria em seu setor? Escreva sobre tudo o que não gosta no cenário atual. Garanto que será divertido e você se sentirá ótimo.

Transforme a reclamação em uma crença. Transforme cada reclamação em uma declaração positiva. Por exemplo, aqui está uma reclamação simples: "Como ex-amante de cachorros e atual proprietária de gatos, acho que é uma vergonha que os gatos sejam tratados como pets de segunda classe." Então eu a transformo em uma crença: "Gatos merecem tratamento de primeira, porque os amamos do fundo do coração."

Adicione o que fará para agir de acordo com essa crença. Um manifesto é um manual que mostra como essas crenças se "manifestarão" no mundo real. Siga esse modelo simples: "Acreditamos (que algo é verdade) e é por isso que faremos (algo)." Com meu exemplo dos gatos, se eu tivesse uma clínica veterinária, meu manifesto seria: "Porque amamos nossos gatos, acreditamos que eles merecem cuidados de primeira e igualdade de tratamento. É por isso que destinamos uma sala de espera e um consultório separados para eles, longe dos cães barulhentos e seus cheiros."

Depois de escrever algumas declarações para o manifesto, resuma e aprofunde-as seguindo estas melhores práticas:

Use uma voz coletiva e ativa. A voz coletiva é um estímulo à ação e uma promessa de pertencimento, convidando: "Você está conosco?" A voz ativa define expectativas de ação e de engajamento. A Nextdoor, a rede social baseada na vizinhança, tem um manifesto que faz uso frequente de termos fortes como "nós acreditamos", "nós aceitamos", "nós escolhemos".

Escreva um post em um blog sobre cada declaração. Se a declaração fosse o título de um post de blog, haveria conteúdo e significado suficientes para escrever alguns parágrafos? Se a declaração realmente apresentar uma crença fundamental, você certamente tem muito a dizer a seu respeito. Se não conseguir escrever um parágrafo ou dois sobre a declaração, não a inclua em seu manifesto.

Teste com os clientes. Após aperfeiçoar o texto, mostre-o a alguns clientes ou até faça alguns testes. Eles se identificam com as declarações? Eles veem a organização com outros olhos depois de lê-las? Eles acreditam que algo será diferente por causa do que você faz? Teste e melhore as declarações com e para seus clientes. Afinal, tudo gira em torno deles.

Limite-se a uma página. Crie um texto compacto que caiba em uma página para transformá-lo em um pôster para seu escritório, publicá-lo no Instagram em um formato legível ou salvá-lo como tema para a área de trabalho. O objetivo é partilhar e difundir seu manifesto, colocando-o em lugares que estrategicamente farão com que clientes e funcionários lembrem sua visão do futuro. Se ele for muito longo, ninguém o lerá.

Depois de obter o manifesto que lhe agrada, divida-o com todo mundo. Afinal, você já viu um movimento silencioso? Se criou um movimento que valha a pena ser seguido, terá muitas oportunidades de mostrar o manifesto a seguidores existentes e em potencial.

Agora, vamos à terceira e última parte da construção de um movimento: o papel do líder.

SUSTENTAR UMA PRESENÇA DE LIDERANÇA CONSISTENTE

Como líderes, fomos aconselhados a ser humildes, prestimosos e colocar as empresas antes de nós mesmos. O problema é que confundimos isso com invisibilidade — isto é, não estar presentes para lembrar às pessoas o propósito e a visão que compartilhamos. As pessoas são ocupadas e, por isso, é importante lembrá-las repetidas vezes o *porquê* do que fazemos. Se você não o fizer, quem o fará?

Assim, se estiver conduzindo uma estratégia de crescimento disruptivo, deve manter uma presença de liderança consistente.

Recentemente, proferi uma palestra em um treinamento interno de uma empresa Fortune 500 e terminamos o dia com uma sessão de perguntas e respostas com a diretora de marketing. Perguntei quais eram os objetivos do setor para o ano, e ela se virou para a equipe e disse: "Pergunte a eles. Nós os desenvolvemos juntos." Seguiu-se um silêncio constrangedor e incômodo. Nem uma única pessoa do departamento pôde apresentar as cinco partes essenciais da estratégia. Mais tarde, ela admitiu que se enganara ao supor que, por terem se esforçado e trabalhado juntos por muito tempo na criação da estratégia, a equipe a tinha internalizado. A realidade é que as prioridades diárias ofuscaram esses objetivos.

Seu apoio ao movimento precisa ser constante e consistente. Para tanto, você deve se sentir à vontade em ser um líder franco, o que não significa contar tudo. Como um líder disse certa vez sobre a quantidade de líderes que postam fotos de comida no Instagram: "Quem se importa com o que almocei?" Concordo plenamente. Não me interessa o que você comeu. Nós nos importamos com o que falou durante o almoço, com o que pensa que estamos fazendo e o que deveríamos fazer melhor. Importo-me com o que você pensa, com o seu foco, porque estou na mesma jornada. Estamos nesse movimento juntos, e preciso saber que você está caminhando a meu lado enquanto superamos os obstáculos ao longo do percurso.

Michael Osheowitz falava sobre a SEO e os jovens cujas vidas ela melhorou com todos que se importavam em ouvir. Foi assim que ele lançou o movimento que transformou a organização no que é hoje; mas apenas falar sobre o movimento não é mais suficiente. É necessário ser visível *e* franco no ambiente digital. Essa não é uma opção. Com o nosso mundo globalizado de rápidas mudanças, você *precisa* usar essas ferramentas. Legere, da T-Mobile compreendeu essa necessidade de imediato.

A T-Mobile tem a sorte de ter um CEO disposto a se tornar a personificação de um defensor dos clientes. Quando entrou para a empresa, ele se parecia com qualquer outro CEO: cabelos bem cortados, terno, gravata. No vídeo de apresentação aos funcionários em setembro de 2012, gravado de forma prática e vestindo uma camisa branca, ele era o clássico CEO de tecnologia.[65] Mas, à medida que a estratégia Un-carrier tomava forma, Legere se tornou a *persona* pública do movimento. Agora seus trajes são totalmente magenta e preto e seus cabelos são compridos (veja a Figura 3.2).[66]

Desde o início de seu mandato, Legere defendeu ouvir os clientes. Ele visitou call centers para conversar com os funcionários e observar suas ligações com clientes. Em uma linha instalada em seu escritório, ele ouve facilmente as chamadas de atendimento ao cliente a qualquer momento. Mais importante, porém, ele aprendeu rapidamente a aproveitar as plataformas de mídia social para promover o movimento, interna e externamente.

Após o lançamento da estratégia Un-carrier, ele experimentou o Twitter (por sugestão da filha), a fim de ter contato direto com os clientes. Ele não contou a ninguém na empresa. Na verdade, o departamento de segurança o alertou de que alguém estava se passando por ele no Twitter.[67]

Fig. 3.2 **A transformação do CEO John Legere, da T-Mobile**

Fonte: Getty/Mark Wilson   Fonte: AP Photo/Richard Drew

Legere usa a presença no Twitter para promover a T-Mobile, criticar concorrentes e ouvir e responder aos clientes. Ele sempre responde pessoalmente às pessoas que o mencionam no Twitter com estilo irreverente. A equipe de mídia social da T-Mobile está sempre pronta para tomar a dianteira e ajudar. E, sempre perto dos dedos ágeis de Legere no Twitter, estão os funcionários da empresa, que podem igualmente se comunicar com o chefe. Legere normalmente posta e responde às pessoas de 30 a 50 vezes só no Twitter, todos os dias (eu contei). Ele admite que passa um tempo excessivo na rede social, às vezes de 6 a 7 horas por dia.[68]

Por que ele faz isso? Porque lidera pelo exemplo: mostrando o que significa ser aficionado pelos clientes e assumir a missão de converter todos em assinantes da T-Mobile, porque acredita que a organização é o melhor para eles. Legere entendeu desde o início o poder das plataformas digitais para criar um movimento e se conectar diretamente com seus seguidores — clientes e funcionários — de um jeito autêntico e transparente. Ele estava no lugar certo com a marca, os clientes e funcionários certos, que estão prontos para consolidar um novo tipo de relacionamento com a empresa.

Há muitas pessoas que não suportam John Legere, que o consideram exibido e interesseiro. Ele não se importa, pois acredita que as pessoas importantes são seus funcionários e as que pode conquistar para a Un-carrier. Ele sempre dá destaque a funcionários dedicados e determinados. Ele registra suas visitas frequentes a call centers e pontos de venda, que incluem muitos aplausos dos colaboradores, cachecóis magenta e canhões de confete. Essas atitudes podem ser consideradas incentivos isolados, mas Legere apoia os empregados com presença online consistente, motiva e os elogia no Twitter.

No final, os fãs de Legere o consideram um deles — alguém que está nas trincheiras lutando por eles. E ele tem um número incrível de fãs. Em 6 de abril de 2019, tinha 6,21 milhões de seguidores no Twitter, o que é mais que os 4,1 milhões da AT&T, Verizon, T-Mobile e Sprint *somados*.[69] Esse não é um erro de digitação: Legere tem mais de 2 milhões de seguidores a mais do que as 4 principais operadoras de telefonia móvel juntas.

A capacidade de Legere em promover sozinho a participação de clientes e clientes em potencial é uma parte essencial da estratégia Un-carrier da T-Mobile. Desde então, ele exibe um programa semanal de culinária no Facebook Live, *Slow Cooker Sunday*,[70] de cerca de 15 minutos. Legere (vestindo um avental e chapéu de cozinheiro magenta, com os dizeres "T-Mobile CEO") passa metade do tempo cozinhando e a outra promovendo a T-Mobile. Atualmente, ele tem mais de 3 milhões de visualizações, o que equivale aos programas de horário nobre nas redes de TV a cabo.

Qual o valor de mercado de 3 milhões de pessoas assistindo a um programa semanal ou de 6 milhões de seguidores no Twitter? Está claro que Legere acredita nesse valor e, para impulsionar o movimento Un-carrier, passa muito mais horas cultivando relacionamentos com clientes e funcionários do que qualquer outro CEO que conheço.

Todos os líderes da T-Mobile, dos executivos ao conselho, entenderam que um movimento era crucial para a estratégia de crescimento disruptivo. E que a concorrência não podia fazer isso. Embora a AT&T, Sprint e Verizon tenham adotado jogadas comerciais semelhantes — eliminando contratos, oferecendo dados ilimitados e assim por diante —, não conseguiram imitar ou igualar os esforços da T-Mobile em criar um movimento. E, certamente, os CEOs das empresas não conseguiram imitar a presença e o tom de Legere nas redes sociais, apesar de alguns terem tentado.[71]

Como Sustentar uma Presença de Liderança Consistente

Há dois passos para liderar e sustentar um movimento. O primeiro é se sentir à vontade em ficar visível e alavancar as muitas tecnologias digitais e sociais à disposição. O segundo é fomentar o movimento de modo constante e consistente.

Em *The Engaged Leader* ["O Líder Engajado", em tradução livre], detalho como ser um líder visível na era digital. Resumindo, as três coisas que pode fazer são: ouvir, partilhar e engajar. Essas são ações de liderança clássicas, mas surgem diferentes no espaço digital, e os líderes precisam estar preparados.

Ouça clientes e funcionários. Ouvir é a forma pela qual os líderes determinam o que os indivíduos precisam deles para desenvolver um relacionamento e aprofundar sua ligação. Com ferramentas digitais e sociais, é possível ouvir clientes e funcionários diretamente, em tempo real e sem intermediários. Além disso, você pode ouvi-los em escala com dados analíticos para revelar os aspectos mais relevantes e influentes.

Partilhe suas expectativas e receios. Partilhar é a forma pela qual os líderes usam histórias e outras ferramentas para desenvolver entendimento mútuo e moldar mindsets e ações adotadas pelas pessoas. Canais digitais eliminaram muitos dos atritos do compartilhamento, que costumava ser limitado e soava pouco natural. E, no entanto, os líderes ainda tratam tuítes ou posts como um verdadeiro comunicado de imprensa.

Envolva-se diretamente com seus seguidores. O envolvimento é uma conversa bilateral que motiva e mobiliza os seguidores a agir em conjunto para alcançar um propósito comum. Ele também é espontâneo e aberto, de modo que, quando começam, os líderes não sabem que rumo a conversa tomará.

O segundo passo a focar é oferecer apoio constante e consistente ao movimento. Se eu procurasse um de seus funcionários da linha de frente, ele saberia descrever a estratégia? Ele entenderia como a apoia e está alinhado com ela? Ele se importaria? Por vários motivos, esta é a parte mais difícil quando se cria um movimento: sustentá-lo. Considerando sua estratégia de transformação disruptiva, é provável que você tenha que fomentar e inspirar o movimento durante vários anos. Aqui estão algumas das melhores práticas para fazê-lo:

Mantenha a simplicidade. Não crie uma mensagem longa. Elabore uma tagline ou use um acrônimo que sirva como lembrete do *motivo* que fundamenta a estratégia.

Supere a insegurança. É estranho ser repetitivo. Você pensa: *Eles não estão cansados de me ouvir falar isso de novo?!?* Observe sempre seu público. Se vir uma pessoa assentir, ignore todas as outras revirando os olhos e vá em frente.

Torne a repetição um hábito. Encontre um momento apropriado para o contato — no início de reuniões ou ao postar uma atualização em uma hora específica do dia, por exemplo.

Combine tudo. Se a única coisa que você faz é repetir a declaração da missão, vai acabar cansando. Conte novas histórias que mostrem o impacto da estratégia. Experimente novos canais (faça uma foto, faça uma entrevista no Facebook Live) para atingir um novo público. Como regra geral, se está ficando à vontade, provavelmente é hora de tentar algo novo para você e seus seguidores.

Seja paciente. Principalmente no início, você terá a impressão de estar falando sozinho. É como se gritasse: "Ei, tem alguém aí?" ou "Alguém se importa?". Meu conselho: continue, ao mesmo tempo em que tenta coisas novas. Nunca se sabe com que seus seguidores se identificarão, e é quase certo que, se você encontrar algo que funciona, será bom só por pouco tempo.

AVANÇANDO

Neste ponto, deve haver uma música tocando em sua cabeça. E ela diz que conduzir um movimento não é algo que você se veja fazendo. Lembre-se de que neste capítulo lhe mostrei dois modelos de líderes muito diferentes: Michael Osheowitz e John Legere, praticamente opostos em termos de personalidade e abordagem. Embora Osheowitz não seja tão publicamente visível quanto Legere, sua defesa incessante e entusiasmada da SEO é a razão pela qual a organização está prosperando.

Embora o estilo e a abordagem variem, há uma parte não negociável em liderar um movimento: é preciso que alguém seja o estopim. Então, por que não você? Há muitas oportunidades por aí, muitos problemas a serem resolvidos, muito trabalho a ser feito. A única forma de enfrentá-los, como organização e sociedade, é se líderes corajosos e entusiasmados, como você, derem um passo à frente e criarem um movimento no qual vale a pena acreditar.

CONCLUSÕES

- Em épocas de disrupção, sua liderança precisa mudar, a fim de criar um movimento que sustente a organização enquanto atravessa a longa e difícil transformação disruptiva.

- Movimentos exigem um tipo diferente de liderança, em que a ênfase é inspirar os seguidores a assumir essa liderança.

- Há três melhores práticas para criar e sustentar um movimento:
  - Identificar seguidores e definir seu relacionamento com eles.
  - Redigir um manifesto que inspire a ação.
  - Sustentar uma presença de liderança consistente.

"Talento sem disciplina é como um polvo sobre patins. Há muito movimento, mas nunca se sabe se irá para frente, para trás ou para os lados."

— H. Jackson Brown, Jr., autor de
Pequeno Manual de Instruções para a Vida

CAPÍTULO 4

DESENVOLVENDO LÍDERES DISRUPTIVOS

No capítulo anterior, mostrei que conduzir uma transformação disruptiva exige que os líderes iniciem e sustentem um movimento que faça as pessoas atravessarem o período difícil que as aguarda. Eles precisam estar presentes e demonstrar credibilidade.

Mas o que é necessário para ser um líder disruptivo? É uma qualidade inata ou é possível treinar a si mesmo e aos outros para se tornar disruptivo? Avaliar a antiga questão da natureza versus criação é crucial, porque, se quiser promover um crescimento disruptivo, você precisa não só ser um líder disruptivo, mas também ter pessoas disruptivas espalhadas em toda a organização. Por uma questão de necessidade, é preciso aprimorar suas habilidades disruptivas, identificando outros possíveis disruptores e incentivando-os a saírem de suas zonas de conforto. Aqui não há lugar para gerentes. Todos precisam ser líderes.

Para entender melhor o que é necessário para que líderes sejam disruptivos, realizei uma pesquisa de alcance global com mais de mil líderes que revelaram que nem todos os disruptores são iguais. Embora tenham atitudes e comportamentos em comum, eles manifestam a disrupção de vários modos — e também precisam ser desenvolvidos com ligeiras diferenças.

Antes de examinarmos melhor as características e os vários tipos de líderes disruptivos e como desenvolvê-los, vamos conferir um exemplo de um deles em um local inusitado: o exclusivo mundo dos museus de arte.

CHEGANDO AONDE NENHUM OUTRO MUSEU DE ARTE FOI

Era 2008, e Max Hollein, então diretor do venerável Museu Städel, em Frankfurt, Alemanha, enfrentou um difícil desafio. Fundado em 1816, o Städel era uma das mais antigas e prestigiadas instituições de arte privadas da Alemanha. Todavia, as visitas diminuíam. Como tinha transformado o Schirn Kunsthalle, um museu homólogo em Frankfurt, de uma instituição falida em um local descolado, o conselho imaginou que Hollein também empregaria sua mágica e despertaria maior interesse no Städel.

Hollein identificou duas estratégias paralelas para reverter a situação. A primeira foi levar novas exposições e comprar obras para o museu, e então usar canais digitais para atrair novos públicos e levar profundidade a essas exposições. A segunda consistia em construir uma ala de US$69 milhões no Städel para abrigar sua crescente coleção de arte contemporânea. Infelizmente, o timing era o pior possível: o museu começou a construção da nova ala logo após a quebra do Lehman Brothers, em 2008. Como um dos epicentros financeiros da Europa, Frankfurt foi muito abalada pela crise financeira. Nesse ponto, Hollein tinha angariado apenas metade dos fundos necessários para concluir a reforma.

Em vez de agir com cautela e suspender a construção e a captação de recursos, Hollein prosseguiu com os planos. "Tínhamos tomado impulso e há momentos em que as pessoas não querem falhar, pois seria muito constrangedor", lembra ele.[72] "Talvez esteja pressionando pessoas muito cautelosas, mas você sempre precisa acreditar no que faz. É impossível obter aprovação de todos nesse processo e acho que nunca procurei isso."

Hollein acredita que os cidadãos de Frankfurt sempre foram livres para criar as próprias regras. Eles adoram seus museus e os veem como motivo de orgulho para a cidade. Para ter êxito, Hollein sabia que tinha que conseguir que os funcionários, moradores e líderes empresariais aceitassem as mudanças e sentissem que faziam parte do sucesso.

Para criar interesse e motivação, Hollein usou botas de construção amarelas em todos os lugares e as vendia a apoiadores em troca de doação, o que simbolizava que construíam juntos o museu (veja a Figura 4.1).[73]

Fig. 4.1 **Max Hollein, Diretor do Museu Städel, Angariando Fundos com Botas Amarelas**

Fonte: Museu Städel

As botas se tornaram o símbolo visível da mudança que ocorria no Städel, e deram ânimo a funcionários, doadores e voluntários para atingir metas audaciosas. No fim, metade dos US$69 milhões necessários para a reforma veio de doadores particulares, sendo cerca de US$6 milhões provenientes de pequenas doações individuais.[74]

"As botas amarelas eram um símbolo de que o museu era construído por todos e não apenas por mim, que as usava", explica Hollein. "O efeito de longo prazo da campanha de expansão foi transformar o relacionamento entre instituição e visitante, que se tornou um seguidor extremamente fiel e interessado que participa quase como um cidadão do museu."

Os resultados foram surpreendentes: a meta de angariar US$69 milhões foi atingida, sendo que mais da metade veio de empresas e pessoas físicas. E a frequência disparou para um recorde de 447.395 visitantes em 2012 em comparação aos 328.773 em 2009, antes do início da construção — um aumento de 36%.[75] Hoje, menos de 15% do orçamento do Städel depende de financiamento público.

Depois dos cargos em Frankfurt, Hollein foi nomeado diretor e CEO do Museu de Belas-artes de São Francisco, onde organizou uma exposição completa sobre as pirâmides de Teotihuacan[76] com um mapa de Minecraft, que atraiu jovens gamers, e uma exposição sobre moda muçulmana contemporânea.[77] Em 2018, tornou-se diretor do Museu Metropolitano de Arte, o maior museu dos EUA e o quarto museu de arte mais visitado do mundo.[78] No Met, ele trabalha para garantir que os 17 departamentos de curadoria continuem a ser relevantes no crescente mundo digital ao mesmo tempo em que se esforça para reequilibrar o orçamento do museu até 2020.

Em diversos sentidos, Max Hollein era a pessoa perfeita para assumir um desafio como o do Städel. Formado em história e administração, possui uma capacitação única para administrar museus de arte: combina uma aguçada perspectiva de curadoria com execução empresarial prática e invejáveis habilidades de captação de recursos. Embora incentive patronos das artes, funcionários e visitantes de museus a saírem da zona de conforto, ele o faz com uma elegância que os desafia e lhes dá novos ânimos.

Hollein começou a desenvolver o mindset e os comportamentos de um líder de transformação eficiente em seu primeiro emprego após a faculdade, como chefe de gabinete de Thomas Krens, ex-diretor do Museu Guggenheim. Hollein começou a trabalhar com ele em 1995, assumindo a arrecadação de fundos e o lançamento da expansão do Guggenheim em Bilbao, Espanha. "Parte do conselho e, certamente, todos os jornalistas disseram que isso seria um grande fracasso, que era uma ideia louca", conta ele.

Hollein lembra-se de sempre observar Krens lidar com os críticos e desarmá-los. "É preciso ser não só um grande comunicador, mas também criar uma narrativa tranquilizadora", contou-me Hollein enquanto refletia sobre o que Krens lhe ensinou. Ele aprendeu que poderia insistir em cumprir uma programação ambiciosa até que tudo se encaixasse e os opositores mudassem de ideia. Sob a proteção de Krens, Hollein aprendeu onde e como desafiar o *status quo* enquanto desenvolvia um conjunto de ferramentas de liderança para apresentar resultados.

Hollein se conecta às pessoas de tal forma que sua causa se torna relevante para elas, além de motivá-las a agir. Ele escuta sua equipe com calma e atenção. Quando Hollein entra para um novo museu, uma de suas primeiras atitudes é saber quais exposições gostariam de organizar caso tivessem tempo, pessoal e dinheiro.[79] Embora ele não prometa realizar a exposição, o simples fato de perguntar e conhecer suas aspirações mais profundas fortalece as conexões entre ele e as pessoas que lidera.

Considerando a jornada profissional de Hollein, seu sucesso como diretor de museu e líder em transformação parece óbvio, mas nem sempre a caminhada foi fácil. Hollein contou que normalmente há duas fases pelas quais ele passa ao dar início a uma mudança transformacional. "A primeira é a fase inicial da mudança, em que você analisa possibilidades, opções, lógica e começa a se comunicar e convencer as pessoas", explica. "E depois vem a fase em que você precisa ser perseverante e avançar rapidamente. Acredito em não se deixar levar por distrações e usar o embalo para uma implementação acelerada." O estilo de liderança de Hollein o faz ficar aberto a opções, mas também definir claramente o caminho a seguir, eliminar discrepâncias e focar a execução.

Enquanto Hollein domina uma série de desafios, ele é impelido a encontrar mais oportunidades para melhorar e atender à missão do museu, porque isso é o que o fortalece e sustenta. "Sinceramente, adoro a sensação de, às vezes, ficar ligeiramente sobrecarregado, pois isso me possibilita manter o foco e dar o melhor de mim", admitiu ele. "Fico muito calmo e sei que tenho que tomar decisões. Tenho bom desempenho nesses momentos, então provavelmente preciso desse tipo de pressão."

Hollein é só um exemplo de líder transformacional altamente eficiente que incentiva seguidores para uma jornada audaciosa de mudança. Que mindset e comportamento ele tem em comum com outros líderes disruptivos descritos neste livro?

O MINDSET E OS COMPORTAMENTOS QUE TORNAM UM LÍDER "DISRUPTIVO"

Como o relacionamento entre Hollein e Thomas Krens, seu mentor, sugere, os líderes disruptivos aprendem com outros líderes disruptivos. Todavia, eles também diferem. Não há dois líderes iguais. A disrupção não é binária; não é algo que se é ou não. Ao contrário, é mais um *continuum*, que vai de se ter pouca vontade de mudar o *status quo* a ter uma forte motivação para transformá-lo. Por esse motivo, compreender os modos diferentes pelos quais a liderança disruptiva se manifesta é crucial não só para desenvolver líderes disruptivos, mas para identificá-los em uma organização.

> **"Não se alcança o progresso com pregadores ou guardiões da moralidade, mas com loucos, eremitas, hereges, sonhadores, rebeldes e céticos."**
>
> — Stephen Fry, comediante, ator e escritor[80]

O primeiro passo é compreender o que significa ser um líder disruptivo. É mais que uma autopercepção, ou até inclinação, para ser disruptivo. É desafiar o *status quo* a fim de mudar uma situação, o que é crucial para conduzir o crescimento. Não estou falando sobre mudança pela mudança em si, mas sobre a mudança para melhorar as coisas. A disrupção não é exclusiva de líderes formais, também está acessível aos informais. Há muito tempo acredito que a liderança é uma questão de mindset, não um título.

Tive a satisfação de observar e trabalhar com muitos líderes disruptivos nas últimas duas décadas e descobri que eles partilham algumas características. Em um nível mais elevado, eles exibem as características de "robustez psicológica" originalmente proposta pelos psicólogos Salvatore Maddi e Suzanne Kobasa.[81] Esses líderes têm alto grau de "robustez"; isto é, eles têm maior probabilidade de colocar acontecimentos estressantes em perspectiva. Eles os percebem menos como uma ameaça e mais como desafios e oportunidades de desenvolvimento pessoal. A robustez consiste em três atitudes:

O **comprometimento** se refere à crença em um propósito ou verdade maior, que faz os líderes disruptivos encontrarem significado em seu trabalho e se empenharem ao máximo. Comprometerem-se com algo além de si mesmos ajuda-os a ver obstáculos significativos. Encaro o comprometimento como o otimismo decorrente da crença em um futuro melhor, que confere a perseverança para atravessar momentos difíceis. Líderes disruptivos desenvolvem comprometimento projetando o futuro.

O **controle** se refere à convicção dos líderes de que podem influenciar o que acontece a seu redor. Em situações difíceis, eles trabalham para obter controle sobre o que for possível, agindo em vez de serem dominados pela incapacidade. Ao mesmo tempo, eles reconhecem o que não podem controlar e não desperdiçam energia tentando controlar esses fatos. Líderes disruptivos têm confiança não só em si mesmos, mas também na capacidade de realização de seus seguidores quando necessária.

O **desafio** é a disposição para enxergar problemas como oportunidades, e não como ameaças. Em vez de se sentir sobrecarregados e ficar na defensiva, líderes disruptivos ficam curiosos e se ocupam em achar soluções. Devido a sua habilidade em lidar com desafios, eles acreditam que a mudança, não a previsibilidade, é a norma. Líderes disruptivos não esperam que o desafio chegue até eles; eles o procuram.

É evidente que essas atitudes se sobrepõem e se reforçam. Mesmo assim, não explicam por completo o sucesso dos líderes disruptivos que observei e estudei. Você pode ser psicologicamente coerente e não mudar o *status quo*.

Para compreender os motivadores da liderança disruptiva, pesquisei 1.087 líderes, principalmente nos Estados Unidos, mas também no Brasil, na China, na Alemanha e no Reino Unido. Testei vários mindsets e comportamentos de liderança a fim de compreender quais estão relacionados a um quociente de disrupção mais elevado — uma medida de quanta mudança disruptiva os líderes são capazes de conduzir.

Em todos os países, constatei que os líderes disruptivos mostram convicções, atributos e comportamentos que sugerem um *mindset de abertura à mudança* — isto é, a capacidade de vê-la como uma oportunidade, não como um contratempo — e focam *comportamentos de liderança que inspiram e empoderam* seguidores — como partilhar uma visão do futuro e construir uma coligação de pessoas a fim de fazer a mudança acontecer. E essas convicções, atributos e comportamentos importantes mostram forte relação com as características de robustez psicológica (Figura 4.2).

Fig. 4.2 Principais Atitudes que Motivam a Liderança Disruptiva

	MINDSET DE ABERTURA À MUDANÇA	COMPORTAMENTOS DE LIDERANÇA QUE INSPIRAM E EMPODERAM SEGUIDORES
Comprometimento	• Constantemente tenta coisas novas por acreditar que sempre há algo melhor	• Imagina empolgantes novas possibilidades para a organização • Interpreta acontecimentos para explicar a necessidade urgente de mudança
Controle	• Sente-se à vontade com incertezas e em tomar decisões antes de ter todas as respostas • Foca ponderar quais riscos vale a pena correr	• Expressa confiança de que as pessoas podem atingir objetivos desafiadores • Encoraja e facilita inovação e empreendedorismo por parte de terceiros • Forma uma coligação de pessoas-chave para fazer a mudança acontecer
Desafio	• Aprecia mudanças na rotina • É estimulado a realizar novas tarefas no trabalho ou na vida pessoal • Acha melhor buscar o desconhecido • Acredita que erros e fracassos são oportunidades de aprendizado • Acredita que a mudança é a norma e cria oportunidades de crescimento	• Olha para além dos limites da organização para achar meios de melhorar • Empodera pessoas para que tentem novas maneiras de realizar seu trabalho • Encoraja pessoas para encarar problemas ou oportunidades de um jeito diferente

Por exemplo, quando se trata de comprometimento, líderes disruptivos não só têm um forte sentido e propósito pessoal; também criam e colocam em prática manifestos (como descrevi no Capítulo 3) para estimular seguidores a se comprometerem com a causa. Sua atitude em relação ao controle caracteriza-se pela tendência a se sentir à vontade em tomar decisões antes de ter todas as respostas. E, quando se trata de desafios, líderes disruptivos normalmente veem falhas como oportunidades de aprendizado (o que faz sentido considerando que buscam ativamente o desconhecido) e encorajam seu pessoal a achar novas maneiras de realizar seu trabalho.[82]

OS QUATRO ARQUÉTIPOS DA LIDERANÇA DISRUPTIVA

Embora não existam bons ou maus líderes disruptivos, o ritmo e a intensidade com que se sentem à vontade e são capazes de conduzir a transformação varia significativamente. Minha pesquisa centrou-se em pedir aos líderes para avaliar seu quociente de disrupção, definido como a capacidade de desafiar o *status quo* e tentar mudar uma situação para melhor.[83] Nessa análise surgiram quatro arquétipos de líderes disruptivos: Gerentes Firmes, Realistas Otimistas, Céticos Preocupados e Agentes Provocadores (veja a Figura 4.3).[84]

Esses quatro arquétipos oferecem uma melhor compreensão e avaliação das nuances da liderança disruptiva. Todos os líderes em sua organização possuem algum grau de liderança disruptiva, mas alguns podem não ser tão abertos à mudança ou não desenvolveram a capacidade de liderar por meio de outros. Se quer fazer sua organização progredir, saiba que seus líderes mais lentos ditam o ritmo, então é necessária uma conversa franca sobre em que ponto cada um de vocês se encontra.

Fig. 4.3 Os Quatro Arquétipos da Liderança Disruptiva

Gerentes Firmes
Quociente de Disrupção: **6**
Porcentagem de Líderes: **50%**

Realistas Otimistas
Quociente de Disrupção: **7,1**
Porcentagem de Líderes: **27%**

Céticos Preocupados
Quociente de Disrupção: **4,8**
Porcentagem de Líderes: **19%**

Agentes Provocadores
Quociente de Disrupção: **5,6**
Porcentagem de Líderes: **3%**

Eixo vertical: Comportamentos de Liderança que Inspiram e Empoderam Seguidores (Baixos a Altos)
Eixo horizontal: Mindset de Abertura à Mudança (Baixa a Alta)

Escala de quociente disruptivo de 1 (nada disruptivo) a 10 (extremamente disruptivo). Disruptivo definido como a capacidade de desafiar o *status quo* e tentar mudar uma situação para melhor.

Os arquétipos também proporcionam um modelo de como os líderes com diferentes capacidades disruptivas podem trabalhar juntos e se tornar mais disruptivos com a adoção consistente de certos comportamentos e mindsets disruptivos. Os arquétipos respondem não só à questão de como melhorar seu quociente disruptivo ou o dos líderes de sua empresa, mas também por que é importante fazê-lo.

Finalmente, os arquétipos podem formar a base do desenvolvimento da liderança em sua organização. Eles podem ser usados não apenas para ajudar os líderes a identificar o mindset e as habilidades que precisam aperfeiçoar, mas também reconhecer potenciais disruptores, independentemente de sua função ou título. Em minha pesquisa, constatei que o potencial de liderança disruptiva não varia com a idade e a função, o que desafia programas de desenvolvimento de liderança tradicionais destinados a funções específicas.

Vamos analisar cada arquétipo e como eles podem trabalhar em conjunto para impulsionar o crescimento disruptivo. (Se quiser descobrir o seu, visite charleneli.com/disruption-mindset — conteúdo em inglês.)

O Gerente Firme

Gerentes Firmes são os líderes aos quais as organizações recorrem quando a execução precisa ocorrer de acordo com um prazo e orçamento — e eles o conseguem com uma equipe que se sente capacitada para descobrir a abordagem certa. Eles se superam em esclarecer funções e expectativas enquanto detalham as normas e procedimentos que orientarão o trabalho de todos. E as pessoas adoram trabalhar com esses gerentes porque eles pedem sua opinião e as consultam sobre decisões que possam afetá-las.

Eles gastam muito tempo e energia minimizando os riscos, reduzindo a chance de que erros e falhas abalem as operações e o sucesso da empresa. Quando encontram algo que funciona, atêm-se a ele. Embora os Gerentes Firmes estejam abertos à mudança, acreditam que deve ser uma exceção. Sua definição de sucesso é tudo correndo bem, com tranquilidade e consistência.

Quando sua organização inicia uma estratégia de transformação disruptiva, muitas vezes os Gerentes Firmes ficam desconfortáveis com a mudança nas prioridades. Eles acham que mudanças são injustas — como se todo o bom trabalho em que investiram para que tudo corresse da melhor forma possível fosse ser descartado. Na verdade, eles são a chave para qualquer estratégia de crescimento disruptivo. Sem suas fortes capacidades de liderança, principalmente de engajar colegas e estabelecer processos e ordem, o trabalho do crescimento disruptivo não será realizado.

Gerentes Firmes são ótimos parceiros dos Realistas Otimistas, que sabem extrair suas fortes capacidades de liderança — e também entendem até onde podem pressioná-los a realizar uma mudança disruptiva sem estressá-los.

O Realista Otimista

Realistas Otimistas têm o que é preciso para ser líderes disruptivos altamente eficientes: um mindset de abertura à mudança combinado com um comportamento de liderança sólido que empodera e inspira as pessoas a fazer a mudança acontecer. Eles olham o mundo com um otimismo do tipo um "copo meio cheio"; eles acreditam que há uma solução melhor e que encontrá-la é só uma questão de tempo!

Mudanças e desafios não os estressam. Na verdade, fazem o oposto: novas situações os estimulam. Quando as coisas dão errado, eles encaram as falhas com tranquilidade, vendo-as como uma oportunidade de aprender e encontrar meios diferentes de atingir o objetivo. Sua capacidade de identificar falhas os torna realistas em relação à jornada, preparando-os para fazer seu pessoal avançar quando os inevitáveis contratempos ocorrerem. Mais importante, confiam em sua habilidade de formar uma coligação para que a mudança aconteça, compreendendo que não podem fazê-lo sozinhos.

Seu maior desafio é a probabilidade de a maioria dos líderes de sua organização não pensar como eles. Realistas Otimistas são encarados como esquisitos. É essencial que encontrem outros Realistas Otimistas na organização para que se apoiem e cresçam. Eles também precisam formar uma coligação com Gerentes Firmes. Contudo, é essencial que ajudem esses gerentes a superar a ansiedade em relação à mudança, porque suas excelentes habilidades de liderança serão necessárias para unir toda a organização.

O Cético Preocupado

A natureza dos Céticos Preocupados os faz olhar o mundo de uma perspectiva de um "copo meio vazio" e se preocuparem com tudo o que pode dar errado. E com um bom motivo: muitas vezes, eles são os líderes chamados quando as coisas dão errado porque se sobressaem em resolver o problema. Eles são os heróis do momento, tapando os buracos e chamando reforços.

Eles têm excelentes habilidades analíticas e intuição para solucionar problemas, em vez de depender de colegas inexperientes para chegar a uma solução sozinhos. Por causa dos altos riscos, são céticos em relação a ideias sem sentido, que não foram analisadas e confirmadas por dados.

Em uma organização que busca uma estratégia disruptiva, parece que os Céticos Preocupados são as únicas pessoas sensatas — os únicos que veem as potenciais desvantagens de uma estratégia disruptiva arriscada. Sua voz é crucial, e recorrem aos fortes comportamentos de liderança dos Realistas Otimistas para que suas preocupações sejam ouvidas e validadas.

Ao mesmo tempo, os Céticos Preocupados precisam melhorar os comportamentos de liderança para conduzir e se tornarem curiosos sobre as iniciativas propostas — ou correm o risco de ficarem para trás. Muitas vezes, encontrarão consolo nos Gerentes Firmes, que têm dificuldades semelhantes de se abrir à mudança. Ter um espírito semelhante que está percorrendo a mesma jornada de liderança disruptiva pode ser reconfortante.

O Agente Provocador

Com grande disposição para a mudança e o fracasso, os Agentes Provocadores estão na linha de frente da disrupção, tentando coisas novas porque acreditam que sempre há algo melhor do que aquilo que fazem. Eles acham que é melhor buscar o desconhecido, porque a mudança cria oportunidades de crescimento. Rotinas os entediam, então aceitam novos desafios no trabalho e na vida profissional para se sentirem fortalecidos.

Muitas vezes, eles sentem que outras pessoas na organização não conseguem ver ou entender as oportunidades evidentes diante delas. E, enquanto querem defender a mudança com entusiasmo, acham um grande desafio conseguir que as pessoas se envolvam e tomem iniciativa. Para se tornarem líderes disruptivos melhores, precisam desenvolver a capacidade de formar uma coligação de pessoas que se sintam empoderadas para tentar novas abordagens em seu trabalho.

Agentes Provocadores precisam focar principalmente a formação de expectativas e padrões sobre a mudança que buscam, apresentando processos e procedimentos detalhados que proporcionam segurança para todos agirem em conjunto. Em especial, precisam procurar Gerentes Firmes na organização. As habilidades de liderança deles, somadas à abertura em relação à mudança e ao fracasso dos Agentes Provocadores, os tornam uma combinação poderosa para impulsionar o crescimento disruptivo.

A DISPARIDADE DE GÊNERO E O LÍDER DISRUPTIVO

Descobri que, em cada arquétipo, a pontuação média para comportamentos de liderança e mindset de abertura à mudança era praticamente a mesma nos gêneros. Isto é, as mulheres se sentem tão capazes quanto os homens em termos de abertura à mudança e habilidades de liderar pessoas. Contudo, nos Estados Unidos, a pontuação de quociente de disrupção autoavaliado dos homens — isto é, quanta mudança disruptiva eles *acreditam* ser capazes de conduzir — foi significativamente mais alta do que a das mulheres em cargos de liderança (Veja a Figura 4.4).

Essa disparidade de gênero tem implicações significativas em relação a como percebemos, desenvolvemos e recompensamos líderes disruptivos. Devido a expectativas sociais e culturais, não estamos acostumados a ver mulheres como "disruptivas"; na verdade, elas não se consideram capazes de desafiar o *status quo*, mesmo que minha pesquisa mostre que elas têm tantas probabilidades de ter mindsets e comportamentos de liderança disruptivos quanto os homens. De fato, ser descritas — ou mesmo se descrever — como disruptivas pode ter conotações negativas ou, pior, consequências para elas. Como mulher, vi o preconceito inconsciente que nos recompensa por sermos colaborativas e agradáveis, e o feedback negativo que recebemos quando tentamos mudar o *status quo*.

Fig. 4.4 **Os Quatro Arquétipos de Liderança Disruptiva, por Gênero**

Gerentes Firmes

	Homens	Mulheres
MINDSET DE ABERTURA	3,0	3,1
COMPORTAMENTO DE LIDERANÇA	4,0	4,0
QUOCIENTE DE DISRUPÇÃO	6,3	5,8

Realistas Otimistas

	Homens	Mulheres
MINDSET DE ABERTURA	4,4	4,4
COMPORTAMENTO DE LIDERANÇA	4,3	4,3
QUOCIENTE DE DISRUPÇÃO	7,4	6,7

Céticos Preocupados

	Homens	Mulheres
MINDSET DE ABERTURA	3,0	2,9
COMPORTAMENTO DE LIDERANÇA	2,9	3,0
QUOCIENTE DE DISRUPÇÃO	5,0	4,4

Agentes Provocadores

	Homens	Mulheres
MINDSET DE ABERTURA	4,3	4,2
COMPORTAMENTO DE LIDERANÇA	2,5	3,0
QUOCIENTE DE DISRUPÇÃO	6,3	5,4

Escala de mindset de abertura de 1 (nada à vontade com mudanças) a 5 (altamente confortável). Comportamento de liderança — quantas vezes adotaram comportamentos de liderança — em uma escala de 1 (nunca) a 5 (quase sempre). Escala de quociente disruptivo de 1 (nada disruptivo) a 10 (extremamente disruptivo). Disruptivo definido como a habilidade de desafiar o *status quo* e de tentar mudar uma situação para melhor.

É triste notar que, como gênero, não dos damos tanta permissão de ser líderes disruptivas, mesmo que na essência sejamos tão ou mais capazes do que nossos colegas.

DESENVOLVENDO LIDERANÇA DISRUPTIVA EM SI MESMO E NOS OUTROS

Os líderes assumem grandes responsabilidades para criar mudanças, então, por definição, todos são disruptivos em algum nível. Isso significa que não há um grau "certo" de mindset de abertura ou de comportamentos de liderança que criem mudança por meio de outras pessoas. Aconselho que você e sua equipe façam o diagnóstico online para descobrir qual é seu arquétipo e sua pontuação nos dois aspectos. Compreender sua pontuação e a de sua equipe o fará identificar em que precisa melhorar e como capacitar os outros para que também sejam ótimos líderes disruptivos.

Por um lado, líderes que possuem um forte mindset de abertura à mudança e comportamentos de liderança, mas têm uma pontuação baixa em como veem sua capacidade de liderar de modo disruptivo, precisam de orientação e aconselhamento para desenvolver a confiança em sua capacidade de criar transformação disruptiva. Minha pesquisa mostra que as mulheres, em especial, podem se beneficiar desse tipo de orientação e apoio.

Por outro, alguns líderes se acham capazes de liderar a disrupção, mas sua pontuação nos dois aspectos é média ou baixa. Se esse for o caso, as práticas a seguir o ajudarão a desenvolver o mindset e os comportamentos que lhe faltam. Essas práticas são críticas na atual era digital, na qual nem sempre trabalhamos diretamente com quem lideramos.

Comprometimento: Desenvolvendo Visão e Propósito Comuns

Mindset de Abertura	Comportamentos de Liderança
• Tenta coisas novas constantemente por acreditar que sempre há algo melhor	• Imagina novas possibilidades empolgantes para a organização • Interpreta eventos para explicar a necessidade urgente de mudança

Líderes são idealistas e sonhadores. Eles pensam no que é possível e encorajam as pessoas a sua volta a procurar novas oportunidades. Isso ocorre porque a visão de uma estratégia disruptiva não acontece quando se fica em uma sala olhando para uma bola de cristal; ela surge nas linhas de frente, das pessoas mais próximas aos clientes. Líderes encontram pontos em comum nessas novas possibilidades e as transformam em um propósito, um "porquê" com que outras pessoas possam se comprometer. Veja algumas formas de aperfeiçoar mindsets e comportamentos que ajudem você e os líderes que desenvolve a criar uma visão e um propósito compartilhados para sua transformação disruptiva:

Encoraje os sonhos. Você dá a si mesmo e aos outros permissão para sonhar? Ou acha que é uma atitude banal? Você não experimentará coisas novas se não acreditar que elas podem melhorar, então sonhar é o primeiro passo para identificar possibilidades. Líderes como John Legere, da T-Mobile, usam plataformas digitais e sociais para inspirar clientes e funcionários a sonhar com um futuro melhor.

Reflita seus desejos mais profundos. A visão criada só encontra eco se refletir os desejos mais profundos de seus colegas e clientes. E, para a maioria de nós, o maior desejo é significado, não dinheiro. Queremos saber que fizemos a diferença no tempo que passamos na terra. Os melhores líderes exploram esse anseio explicando o propósito, para que as pessoas compreendam seu papel em atingi-lo. Max Hollein procurou e ouviu líderes de departamentos de curadoria para entender seus desejos e esperanças mais profundas e para inspirá-los a pensar grande e alto.

Olhe adiante na estrada para ir mais depressa. Neste mundo digital de rápidas mudanças, parece loucura criar uma visão com pelo menos cinco anos de antecedência, quando não se pode prever nem o que acontecerá neste mês! Mas, quando se dirige em alta velocidade, é preciso olhar além de seu carro para enxergar as curvas e obstáculos, e se preparar. Essa visão do futuro lhe dá o contexto e urgência para agir hoje.

Controle: Criando Estabilidade e Senso de Participação

Mindsets de Abertura	Comportamentos de Liderança
• Sente-se à vontade com a incerteza e em tomar decisões antes de ter todas as respostas • Foca ponderar quais riscos vale a pena correr	• Expressa confiança de que as pessoas podem atingir objetivos desafiadores • Encoraja e facilita inovação e empreendedorismo nas pessoas • Forma uma coligação de pessoas-chave para que a mudança ocorra

Um dos maiores problemas criados pela transformação disruptiva é que a tremenda incerteza o faz sentir como se não estivesse no controle da situação. Existem muitos fatores desconhecidos, as coisas mudam rapidamente, e simplesmente ficar ciente do que está acontecendo é tudo o que se pode fazer. É aí que o controle se torna importante em duas frentes.

A primeira é como você domina suas emoções e muda de atitude quando as coisas escapam ao controle. Líderes com forte controle podem reduzir a reação instintiva ao caos e incerteza, e começar a ter controle por meio da tomada de decisões. Eles não ficam paralisados pela incerteza. Ao contrário, compreendem que uma decisão rápida reduzirá a incerteza. Mesmo que a decisão resulte em fracasso, eles se sentem melhor sabendo que recuar não funciona.

A segunda é como você dá esse senso de controle aos seus seguidores. Ao definir onde seus seguidores são empoderados a agir — onde eles têm participação e permissão para agir —, eles assumem o controle. Esse senso de controle é essencial, pois se você e sua equipe acreditarem que podem controlar os resultados de sua transformação disruptiva, então, farão de tudo para que aconteça. Porém, se sua equipe achar que não tem controle ou influência sobre o resultado, ela ficará impotente nos bastidores, esperando que o raio caia e não a atinja.

Para aumentar sua capacidade e a da organização de assumir o poder e o controle da situação, pense nestas boas práticas:

Itere e se prepare para cenários pessimistas. A vantagem dos cenários pessimistas é que eles nomeiam o inconcebível. Ao prever e preparar-se para o que poderá dar errado, você visualiza a si mesmo e a sua equipe nessas situações estressantes. Isso lhe permite compreender e interpretar os dados e situações, e focar quais riscos vale a pena correr. Quando os momentos difíceis chegarem, você já sabe o que pode ou não fazer para influenciar o resultado e terá dado a si mesmo tempo e presença de espírito para ver as oportunidades que a mudança oferece.

Conduza melhores *post mortems*. Nada é perfeito o tempo todo; portanto, use *post mortems* após um projeto ou trimestre para identificar o que poderia ter sido feito de modo diferente. Uma melhor prática é passar 1/4 do tempo do *post mortem* examinando o que saiu errado, 1/4 discutindo o que aprendeu e o resto falando sobre o que fará em seguida. Certifique-se de que todos na equipe contribuam, use ferramentas digitais que viabilizem comentários e questionamentos anônimos para fomentar a franqueza, compartilhe os apontamentos e inicie o próximo projeto ou trimestre com uma revisão dos passos acordados. Ter um plano aumentará seu senso de controle em tempos de rápidas mudanças.

Dê permissão — e perdão — livremente. "Não peça permissão, implore perdão" parece ótimo; mas, na verdade, fomos condicionados desde a infância a pedir permissão. O principal motivo que os líderes apresentam para não conduzir uma mudança disruptiva é acharem que não têm permissão para fazê-lo. Isso ocorre em todos os níveis da organização, mesmo na C-Suite (geralmente culpam o CEO ou o conselho). Como líder, dê permissão sempre e com frequência, e dê destaque ao perdão e ao estímulo para o coração empreendedor que bate no peito de todos. Se estiver esperando permissão, pare. Verifique se a permissão realmente é necessária. Mesmo que seja, descubra que seu relacionamento é forte o bastante para pedir perdão mais tarde, se precisar.

Crie redes de apoio. Mudar implica trabalho árduo, e a transformação disruptiva é uma tarefa exaustiva e solitária. Encontre as pessoas-chave na organização que o ajudarão a prosseguir com a mudança, pois você precisará de uma pausa para se recuperar. Busque reforços com pessoas fora da organização por meio de comunidades online ou participe de conferências para aprender e criar suas redes de colegas disruptivos.[85]

Desafio: Reformulando o Fracasso

Mindsets de Abertura	Comportamentos de Liderança
• Acha mudanças na rotina interessantes • Aprecia enfrentar novas tarefas no trabalho ou na vida pessoal • Acredita que é melhor buscar o desconhecido • Acredita que erros e fracassos são oportunidades de aprendizado • Acredita que mudança é a norma e cria oportunidades de crescimento	• Olha além dos limites da organização para encontrar formas de melhorar • Empodera pessoas para tentarem novas formas de realizar seu trabalho • Encoraja pessoas a encarar problemas ou oportunidades de modo diferente

Um dos meus ditados preferidos é: "Experiência é o que se ganha quando não se ganha o que se quer." Você só aprende quando comete erros e fracassa. E, mesmo assim, não sei dizer quantas vezes conheci líderes consagrados que secretamente admitem que falhar os aterroriza. Eles gastam uma quantidade imensa de energia tentando evitar as falhas ou, pelo menos, seu surgimento. Não estou defendendo que você falhe intencionalmente, mas que use as falhas como uma oportunidade de aprender.

Atualmente, várias faculdades incluem em suas ementas aulas de como aprender com os erros.[86] E o processo "ágil" que muitas empresas de tecnologia adotam consiste em vários ciclos iterativos de testar e aprender (*não testar e errar*). (Para mais informações sobre o que chamo de "O Imperativo do Fracasso", leia o Capítulo 9 do meu livro *Liderança Aberta*.[87]) Para desenvolver os mindsets e comportamentos associados à reformulação do fracasso para si mesmo e os outros, siga estas melhores práticas:

Planeje pequenos experimentos para despertar a curiosidade. Como líder, você é um experimentador nato; tenta novas abordagens para solucionar problemas o tempo todo. Quando identificar uma área em que você ou sua organização esteja resistindo à mudança, planeje um experimento com resultado incerto, mas com baixo risco percebido. A meta é criar um senso de curiosidade sobre o desconhecido e a liberdade para desvendá-lo. Em cada iteração, crie experimentos maiores para aumentar sua capacidade de lidar com incertezas maiores e mais difíceis.

Procure o fluxo. Alguns de vocês podem ter experimentado o "fluxo" — aquele momento em que está tão absorto e focado em sua tarefa que atinge seu máximo desempenho. O fluxo só é possível quando suas habilidades são ampliadas para cumprir um desafio. Desafio demais, e você fica estressado e ansioso; de menos, entediado e apático. Líderes disruptivos buscam desafios que estendam e testem suas habilidades e as da equipe, porque é quando se sentem realizados e excepcionais.

Pratique o otimismo. Você foca os problemas ou as soluções? Em uma situação de sobrevivência, pessoas que geralmente falham dizem: "Ah, não! Vamos todos morrer!" Mas pessoas que sobrevivem perguntam: "Qual é o próximo passo que preciso dar pra sair dessa situação?" Para os que não estão programados para ver o copo meio cheio, façam uma parceria com um otimista compatível para partilhar suas diferentes perspectivas sobre uma mesma situação. A exposição a um mindset diferente é o primeiro passo para mudar suas percepções.

Crie um "Currículo de Fracasso". Todos temos currículos profissionais fantásticos que promovem nossos muitos êxitos. Contudo, catalogar o que aprendemos com nossos fracassos é igualmente valioso.[88] Relembre seus fracassos mais notáveis. O que você aprendeu? Como é melhor hoje por causa desse fracasso? Anote suas respostas. E, à medida que continuar a errar, registre seus erros, juntamente com as observações e análises do que os causou. Ao recuar e avaliá-los, você aprende e os utiliza para andar na direção do sucesso.

AVANÇANDO

Agora que sabe o que é necessário para ser um líder disruptivo, eu gostaria que você desenvolvesse mais desses líderes. Minha pesquisa constatou que, embora muitos líderes mostrem um mindset de abertura à mudança e comportamentos de liderança para empoderar e inspirar pessoas, há uma lacuna significativa na confiança que eles têm na capacidade disruptiva, principalmente no caso das mulheres.

Este deve ser um motivo de preocupação: temos menos líderes psicologicamente preparados que se dispõem a conduzir uma transformação disruptiva, em uma época em que a maioria precisa que eles o façam. Não conte com os millennials para assumir essa responsabilidade. Descobri que eles não têm mais chances do que outras gerações de se verem como disruptivos. E, se estiver em uma grande organização, a urgência é ainda mais drástica: as pontuações de quociente disruptivo mais baixas vieram de grandes empresas. Então não espere. Identifique os líderes disruptivos e ajude-os a desenvolver mindsets e comportamentos necessários para impulsionar um crescimento inovador.

CONCLUSÕES

- Ser um líder disruptivo significa ter confiança na capacidade de desafiar o *status quo* e mudar a situação para melhor. Os maiores propulsores da liderança disruptiva são um mindset de abertura à mudança e comportamentos de liderança que empoderam e inspiram os seguidores.

- Os quatro arquétipos dos líderes disruptivos ajudam a avaliar e compreender que tipo de líder disruptivo você e seus colegas na organização são e como podem trabalhar melhor juntos.

- Note, em especial, que as mulheres se consideram significativamente menos disruptivas do que os colegas, apesar de terem níveis iguais ou melhores de mindset de abertura e comportamentos de liderança que empoderam e inspiram seguidores.

"A cultura come estratégia no café da manhã todos os dias."

— Atribuído a Peter Drucker

CAPÍTULO 5

PROVOCANDO A DISRUPÇÃO DE SUA CULTURA

Estar do lado certo da disrupção exige não só dispor da estratégia certa, mas da cultura e da liderança para executá-la. A cultura determina a proporção da transformação. Ela é o fator limitante ou o motor do crescimento. Muitas empresas fogem de estratégias inovadoras porque acham impossível mudar a cultura da empresa. Não seja uma delas.

À medida que sua estratégia muda para lidar com novas oportunidades de crescimento, é provável que seu modo de trabalhar e sua cultura sigam o mesmo caminho. Assim, a pergunta a fazer é *como* — não *se* — você deve mudar sua cultura a fim de criar, impulsionar e sustentar a estratégia.

A meta definitiva não é transformar sua cultura em uma ideal e "perfeita" que impulsione um crescimento inovador. Isso não existe. A meta é desenvolver uma cultura que prospere com as três crenças necessárias para buscar seus clientes em rápida mudança: abertura, liberdade e agilidade.

E aqui está a dura realidade: você terá que promover a disrupção e a transformação de sua cultura conforme a estratégia mudar. A disrupção não é para os fracos, e exige disciplina, processo e liderança coesa. Mas a recompensa é uma empresa bem-sucedida em cumprir desafios, sem fraquejar diante da mudança, como a McKinsey & Company descobriu em 2010.

COMO A MCKINSEY SE TRANSFORMOU

A McKinsey & Company é uma das empresas de consultoria empresarial mais prestigiadas do mundo. Ela dispõe de uma cultura que remonta aos anos de 1950, quando Marvin Bower, o diretor-geral, definiu uma série de princípios que orientam decisões e comportamentos, desde trabalhar somente com CEOs a sempre agir no melhor interesse dos clientes, e não da empresa.[89]

Quando Dominic Barton assumiu a McKinsey como sócio-diretor global, em 2009, a empresa enfrentou um mundo que estava em rápida mudança — mas a empresa, não. A última revisão de estratégia tinha sido realizada 12 anos antes. Barton lembrou que uma das principais iniciativas da revisão foi mudar o modo pelo qual os projetos eram entregues. Na época, as necessidades dos clientes eram sempre atendidas com o modelo de um gerente de engajamento (EM, na sigla em inglês) e dois sócios. Esse modelo "EM+2" era quase exatamente o mesmo de 12 anos antes. "Todos tinham boas intenções, mas pouca coisa tinha mudado", lembrou Barton.[90]

Barton se pôs a trabalhar em uma nova revisão da estratégia e, desde o início, deixou claro o que seria avaliado e o que estava fora dos limites. "Não queríamos mudar a filosofia e os valores da empresa, coisas como colocar os clientes em primeiro lugar e atrair pessoas excepcionais", contou-me ele. "Mas todo o resto em termos de quem atendemos, como atendemos, como somos pagos, quem recrutamos — foram comportamentos ortodoxos que tiramos da lista e desafiamos a todos perguntando: 'Por quê? Isso faz sentido hoje, com as mudanças que estão ocorrendo?'"

O processo de estratégia de Barton desafiou ortodoxias da McKinsey. Por exemplo, a equipe de estratégia, liderada por 10 parceiros seniores, perguntou por que a empresa atendia apenas às 500 maiores companhias do mundo. Que tal trabalhar com empresas de tecnologia que crescem rapidamente quando ainda são pequenas? E se a firma passasse a ajudar a implementar estratégias para os clientes? Isso exigiria contratar pessoas com maior experiência em administração de fábricas, redes hospitalares ou lojas de varejo. E isso levou à questão mais importante: por que a McKinsey só contratava MBAs de um pequeno grupo de faculdades ao redor do mundo em vez de profissionais experientes em áreas específicas?

No final de 2010, o esforço de estratégia de Barton tinha identificado 10 iniciativas importantes que representaram o abandono radical de práticas estabelecidas pela firma. Para implementá-las, ele precisava da aprovação dos 350 sócios seniores, reunidos na sala de conferências de um hotel em Boston. O cenário era caótico, lembrou Barton. "As pessoas saíam dos grupos de discussão dizendo: 'Dom, essa é mesmo uma ideia muito boa. Se não a usarmos, não sei se vou querer ficar na empresa.' E, na mesma sala, outras pessoas diziam: 'Essa ideia é péssima. Se a usarmos, não sei se vou querer ficar na firma.'"

Foi então que Fred Gluck, ex-diretor-geral global, subiu em uma cadeira, bateu com uma colher em um copo para ter a atenção de todos e disse: "Quero lembrar a todos que parceria não tem a ver com consenso. Tem a ver com confiança. Mesmo que não estejamos de acordo, confiamos uns nos outros para agir no melhor interesse da empresa."

A votação de várias das iniciativas foi apertada, mal atingindo a maioria, mas foram aprovadas. Barton as implementou e continuou a encontrar formas de desafiar ortodoxias, regularmente "sacudindo" a empresa para que saísse de sua complacência e procurasse novas formas de atender aos clientes. Uma das últimas "sacudidas" que implementou, pouco antes de deixar o cargo de gerência, foi contratar cinco pessoas que não tinham diplomas universitários para funções de consultoria na McKinsey.

Barton admitiu que não foi nada fácil transformar a respeitável companhia. "Adoramos dizer às pessoas para mudar, mas não é divertido quando é você que está mudando." Mas ele também contou que as pessoas começaram a agir de modo diferente. "Muitas pessoas se sentiram libertadas. Elas diziam: 'Eu queria fazer algo assim' ou 'Agora posso fazer mais com meus clientes'. Demos às pessoas ferramentas e aberturas para tentar coisas diferentes para ajudar os clientes. Mais pessoas podiam ser bem-sucedidas e então vimos os resultados no crescimento."

A McKinsey aumentou a taxa de crescimento anual de modestos 2,3% para cerca de 12% a 15% durante esse período. Mas esse crescimento não foi fácil. O recente foco da mídia no trabalho prestado para África do Sul, Arábia Saudita e China a colocaram sob análise.[91] Mas acredito que a McKinsey hoje é mais capaz de enfrentar esses desafios porque já é forte por ter se desafiado internamente.

Assim como a McKinsey, organizações disruptivas precisam sistemática e intencionalmente provocar a disrupção de sua cultura para se transformar e conduzir um crescimento disruptivo. Mas o que exatamente é a cultura e como ela se torna o mecanismo que acelera a disrupção?

AS CRENÇAS DAS CULTURAS DE FLUXO

A cultura é o entendimento compartilhado do modo de agir. Todos na empresa sabem e sentem a cultura todos os dias. Eles sabem se são realmente valorizados e encorajados a correr riscos — ou se são apenas palavras em um quadro. Sabem se é seguro desafiar a autoridade ou se é uma jogada que põe a carreira em risco. E sabem se podem não seguir determinados processos ou se serão responsabilizados por atingir altos padrões. Embora você possa apontar estruturas, políticas e processos específicos que definem como o trabalho é realizado, também há vários elementos de como trabalhamos que não estão no papel. A cultura, por exemplo, está na mente e no coração de cada funcionário. Ela é sentida pela emoção, e não administrada pela lógica e pela razão.

Não existem culturas "boas" ou "ruins". Uma organização pode ser extremamente competitiva, com equipes na luta para que sua abordagem seja adotada. Outra toma decisões com base em consenso. O que funciona em uma empresa é um anátema em outra.

Simplificando, a cultura é um conjunto de crenças que define como o trabalho é realizado, e o que é ou não é adequado (veja a Figura 5.1). As crenças são as suposições compartilhadas que as pessoas levam para o trabalho todos os dias e que se manifestam em toda a organização como "o que entendemos como verdade". Comportamentos são tudo o que as pessoas fazem todos os dias para realizar seu trabalho: as palavras que dizem e as atitudes que tomam. Eles vêm de nossas crenças sobre como o trabalho deve ser feito e, por sua vez, as reforçam. Elementos culturais são *manifestações* e *expressões* das crenças básicas da cultura. É por isso que só estabelecer novos elementos culturais, como uma nova estrutura departamental, ou a exigência de novos comportamentos, como correr mais riscos, exerce pouco impacto, a menos que reflita uma mudança fundamental nas crenças básicas.

Crenças e comportamentos evoluem ao longo do tempo e nem sempre para melhor. Uma organização com que trabalhei defendia o valor do respeito, com base na crença de que as pessoas precisam mostrar respeito mútuo. Ao longo do tempo, o "respeito" se transformou na crença de que todos tinham que oferecer suas ideias e concordar antes que uma decisão pudesse ser posta em prática. Por fim, as pessoas começaram a guardar suas opiniões para si mesmas, visto que desafiar os outros era interpretado como sinal de desrespeito.

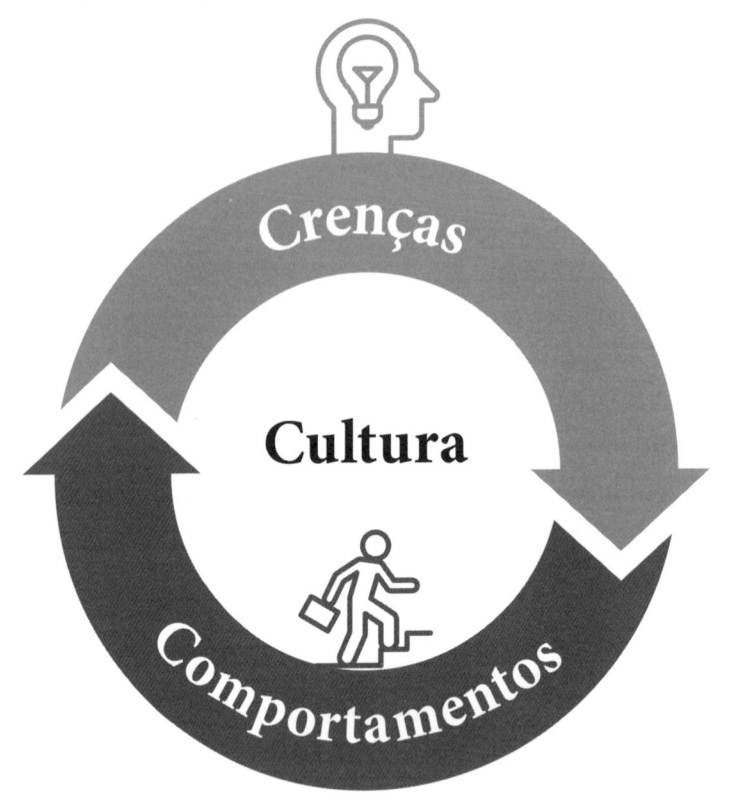

Fig. 5.1 **Crenças e Comportamentos Definem a Cultura da Organização**

[Diagrama circular: Crenças → Cultura → Comportamentos]

Confrontados com a crescente pressão competitiva e ciclos de produto mais rápidos, os líderes da empresa deram-se conta de que não poderiam continuar a atuar daquela forma. Assim, demonstraram como se envolver em divergências respeitosas, fortalecendo seu compromisso uns com os outros e com a empresa, independentemente de o resultado ser ou não o que defenderam. Eles desenvolveram a nova crença de que a liderança tinha respeito pelo conhecimento e julgamento das pessoas, e sua habilidade em tomar decisões sem ter que conseguir aprovação para tudo. E, mais importante, a organização treinou líderes para procurar, encorajar e reconhecer opiniões variadas e divergentes em toda a empresa. Ao sistematicamente identificar e mudar esse elemento cultural — o valor do respeito — que os limitava, a organização pôde trabalhar melhor e mais depressa para atingir suas audaciosas metas de transformação.

Como essa organização descobriu, se a estratégia de transformação disruptiva é a estrada que deve ser percorrida, então a cultura é o motor que determina a rapidez com que a jornada será cumprida. Cada elemento de sua cultura o prenderá ao *status quo* ou o impelirá na direção de um futuro de crescimento disruptivo.

Dei um apelido a culturas que parecem viver em um estado de fluxo e crescimento constantes: culturas de fluxo. A transformação disruptiva exige novos comportamentos e crenças que contrariam os tipicamente promovidos na maioria das culturas corporativas, que tradicionalmente focam excelência e eficiência operacional. Em vez disso, culturas de fluxo criam uma base de confiança e segurança, dando às pessoas a força emocional para enfrentar o desconhecido com confiança e correr riscos audaciosos. As pessoas só promoverão a disrupção e transformação radical na maneira como trabalham e realizam tarefas se sentirem segurança, porque a mudança é impulsionada pelas emoções, não pela lógica. Elas precisam acreditar que, se ultrapassarem os limites e correrem riscos, a empresa e seus colegas estarão lá para ampará-las e apoiá-las. Uma cultura de fluxo proporciona uma rede de segurança. O oposto é a "cultura da inércia", que fica imóvel no *status quo* e não estimula a habilidade dos funcionários de lidar com as enormes mudanças necessárias para apoiar a estratégia disruptiva. As crenças das culturas de fluxo e de inércia estão em polos opostos (veja a Figura 5.2).

Fig. 5.2 **Como Culturas de Fluxo e Inércia Abordam os Desafios**

Crenças da Cultura da Inércia	Crenças da Cultura de Fluxo
"Sempre fizemos assim."	"Deve haver um jeito melhor."
Conhecimento é poder, então reúna informações para que todos venham até você.	Compartilhar é poder; dissemine informações para empoderar as pessoas a agir.
Informações são partilhadas apenas em casos de necessidade.	Informações são partilhadas exceto em casos de confidencialidade.
As pessoas confiam que o que funciona hoje funcionará no futuro.	As pessoas são paranoicas de que o que funciona hoje não funcionará no futuro.
Testes são usados para mostrar o que está certo.	Testes são usados para mostrar o que está errado — e dizer o que está errado.
Todos seguem a cadeia de comando.	As pessoas ficam à vontade de falar com o chefe do chefe quando necessário.
Se não foi inventado aqui, não pode ser bom.	As pessoas ficam curiosas sobre novas possibilidades.
As pessoas costumam ser suscetíveis e não suportam ser desafiadas.	As pessoas costumam ser imperturbáveis e gostam de ser desafiadas.

Em minha pesquisa, descobri que existem tantos tipos diferentes de culturas de fluxo disruptivo quanto estratégias de transformação disruptiva e percebi que não existe uma cultura perfeita para impulsionar o crescimento inovador. Mas encontrei três crenças que aparecem em culturas de fluxo e organizações, independentemente do tamanho e setor: abertura, liberdade e ação (veja a Figura 5.3). Essas três crenças são o ingrediente secreto que permite às organizações disruptivas viver em um eterno estado de fluxo e encarar os desafios como oportunidades em vez de obstáculos.

Fig. 5.3 **As Três Crenças das Culturas de Fluxo**

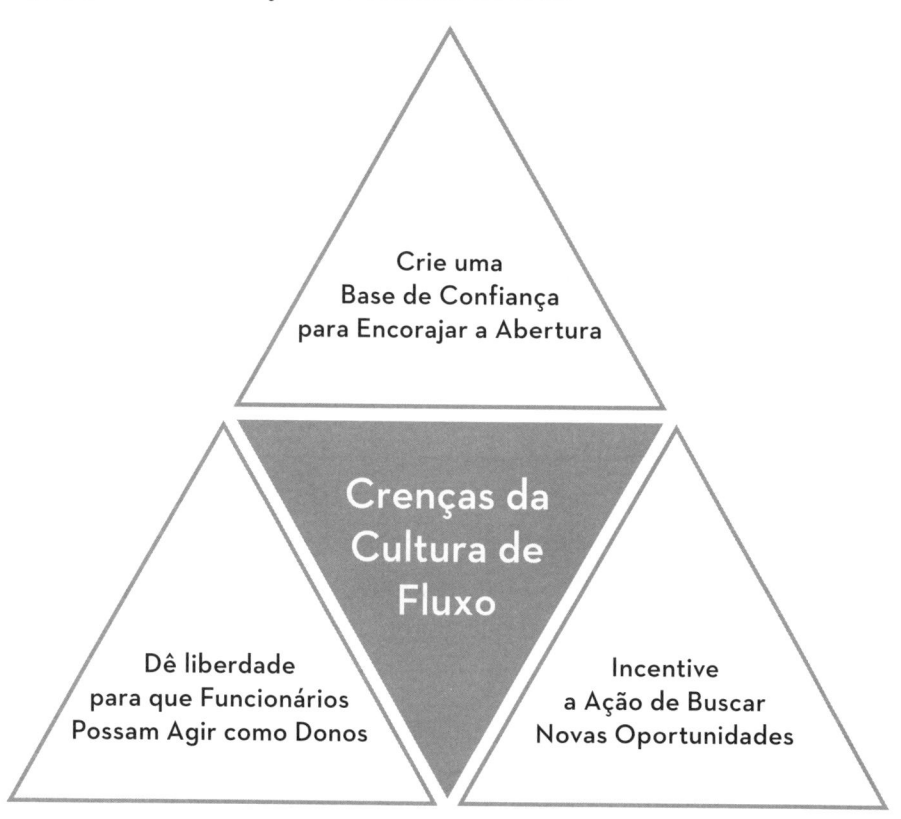

- Crie uma Base de Confiança para Encorajar a Abertura
- Dê liberdade para que Funcionários Possam Agir como Donos
- Incentive a Ação de Buscar Novas Oportunidades

Crenças da Cultura de Fluxo

Vamos analisar melhor cada uma das crenças de fluxo, começando com o uso da abertura para criar uma base de confiança.

A CRENÇA DA ABERTURA: CRIE UMA BASE DE CONFIANÇA

Em *Liderança Aberta*, defini dois tipos de abertura das organizações.[92] O primeiro é a disponibilidade de informações — a liberdade com que a organização partilha relatórios financeiros ou dados detalhados sobre o envolvimento dos clientes. Quanto mais informações estiverem disponíveis e quanto mais rápido fluírem, maior é a probabilidade de que a organização possa usá-las para impulsionar uma transformação disruptiva. Por exemplo, compreender os clientes é função de pesquisas de mercado. Porém, se as interações dos clientes com as equipes de vendas e atendimento puderem ser coletadas ou analisadas, as informações poderão ser usadas para entender alterações sutis no cenário que possam justificar uma resposta imediata.

Em organizações abertas, as informações não só fluem mais depressa de baixo para cima, como também de cima para baixo. Há uma alteração no mindset de "é preciso saber", segundo o qual grandes quantidades de informação têm acesso restrito, para "é preciso ser confidencial", em que apenas um pequeno subconjunto de dados como informações sobre salários ou procedimentos legais é protegido.[93] Essas organizações também partilham mais abertamente não só seus sucessos, mas também seus problemas e dificuldades. Elas acreditam que quanto mais pessoas souberem, mais capazes serão de superar os obstáculos.

O segundo meio pela qual a abertura se manifesta nas organizações é o processo de tomada de decisões. Esclarecer como as decisões são tomadas — os dados e critérios usados, quem participa, as opções analisadas — aumenta a probabilidade de que as pessoas afetadas por elas as apoiem. Uma organização com que trabalhei decidiu abrir algumas de suas reuniões para quem quisesse assistir, caso achasse que poderiam ser úteis a seu trabalho. Isso significava que cada reunião tinha que ter uma pauta e um resultado claros. A transparência maior deu a todos a confiança de que cada líder se movia e mudava em conjunto com todos os demais.

Em organizações abertas, decisões tomadas de cima para baixo são mais visíveis e o processo de tomada de decisões também é mais participativo. Plataformas de colaboração digital possibilitam que ideias venham de qualquer ponto e sejam visíveis a todos. Quando surgem, essas ideias não são mais limitadas por entraves hierárquicos: qualquer pessoa que queira apresentar uma ou mais ideias pode fazê-lo e colocá-las em execução. Por exemplo, uma pessoa em uma companhia postou a ideia de substituir os copos de café de papel por canecas, e, na semana seguinte, o departamento de marketing distribuiu caixas de canecas promocionais não usadas no escritório. Este pode parecer um exemplo pequeno, mas mostra o poder de disponibilizar as informações e a tomada de decisões a todos.

Quando se busca uma transformação disruptiva, a abertura é especialmente importante pelos seguintes motivos:

Ela cria responsabilidade. O lendário investidor Warren Buffett disse: "Só quando a maré baixa você descobre quem estava nadando pelado." Quando não há onde se esconder, seus sucessos e fracassos ficam facilmente disponíveis a todos na organização. Não há lugar para lobbies e manobras políticas secretas, onde relacionamentos pessoais interferem em fatos e dados. Bons funcionários recebem o reconhecimento merecido, funcionários médios melhoram o desempenho e maus funcionários são afastados. A transparência melhora o ambiente de trabalho e cria uma única versão da verdade que todos veem e concordam que é real.

Ela impõe conversas difíceis. O comprometimento com a abertura impõe que se realizem conversas desagradáveis para tratar do elefante na sala, cuja presença todos conhecem, mas com que ninguém quer lidar. Esclarecer interesses secretos e comentários não proferidos cria a confiança de que nada atrapalhará a comunicação. O fundo hedge Bridgewater pratica uma forma de "transparência radical", encorajando as pessoas a dizerem umas às outras as coisas mais difíceis de partilhar. Ray Dalio, seu CEO, escreveu em seu livro, *Princípios*: "Crie um ambiente em que todos tenham o direito de entender o que faz sentido e ninguém tenha o direito de guardar uma opinião importante sem falar sobre ela."[94] Isso só pode ocorrer se houver confiança de que ser franco não o prejudicará.

Ela elimina o medo do fracasso. O aprendizado acontece quando erros são cometidos, tentativas falham e testes-piloto fracassam. A menos que essas falhas sejam partilhadas aberta e amplamente, as pessoas se limitam a aprender apenas com suas experiências. Em vez de despender energia preciosa defensivamente ocultando problemas e dificuldades, a abertura estimula as pessoas a se manifestarem reconhecendo o valor do aprendizado que veio com o fracasso.

Ela cria oportunidades para que várias perspectivas cheguem ao alto escalão. Quanto mais aberta a organização for, maior é a probabilidade de ela ver mais possibilidades em tudo. As coisas começam a parecer diferentes, porque as pessoas de diferentes departamentos, níveis, áreas geográficas e formação processam as informações de modo diverso e também levam diferentes pontos de vista à tomada de decisões.

Ser franco tem esses benefícios, mas é difícil! Como empresários, fomos condicionados ao longo de nossa carreira a acreditar no contrário: que é mais seguro manter as coisas em segredo, que é perigoso partilhar, que informações lhe dão poder. Temos receio de que ser mais francos significa desistir do controle. Mas ocorre justamente o oposto: você ganha poder quando decide como delegar acesso a informações e direito a tomar decisões. Ao passar a responsabilidade e as obrigações para terceiros, você ganha credibilidade e confiança — e isso o coloca em melhor posição de criar mudança com mais impacto e exercer influência em maior escala.

Uma abertura contínua cria um senso de confiança de que não há interesses ocultos e que os colegas serão sinceros sobre quaisquer preocupações e dificuldades. Quanto mais audaciosa e disruptiva for sua transformação, mais abertura e confiança você precisará introduzir nos relacionamentos que manterão a coesão de sua organização durante a mudança.

Quanta franqueza se deve ter? Quanta franqueza é necessária para sustentar a sua estratégia de crescimento disruptivo? Minha resposta é fazer uma pergunta diferente: quanto você pode confiar em sua equipe para que ela use informações e tome decisões em busca de sua estratégia de disrupção? Você avançará mais depressa se gerar mais confiança com abertura. O único freio em sua atitude é o nível de conforto pessoal em relação a seu grau de franqueza. Qualquer que seja essa zona de conforto, ultrapasse um pouco seu limite e não deixe que preocupações sobre controle obscureçam sua capacidade de partilhar para desenvolver confiança.

Estudo de Caso: Nokia

Quando Risto Siilasmaa assumiu a presidência da Nokia, em meados de 2012, a empresa já tinha perdido 90% de seu valor em ações devido a uma estratégia mal executada. Fazer o negócio de celulares funcionar exigiria uma injeção de recursos que a Nokia não tinha, então Siilasmaa e Stephen Elop, CEO da empresa na época, trabalharam juntos para levantar oportunidades de crescimento na tecnologia de comunicação e informação (TIC). Eles decidiram que a melhor opção seria vender o negócio de celulares e transformar a empresa em um negócio novo focado em equipamentos e serviços de telecomunicação em vez de eletrônicos de consumo.

Essa transformação foi cercada de muitos obstáculos, sendo que o maior era o fato de a Nokia ser o orgulho emocional e financeiro da Finlândia. Parecia impensável que a empresa deixasse o setor de celulares. Como empresário bem-sucedido, Siilasmaa sabia que uma das formas de percorrer as imensas mudanças era ser mais aberto. Em seu livro *Transforming Nokia*, [sem publicação no Brasil], ele escreveu: "Quando se pode falar sobre o pior resultado possível, o medo é eliminado e então podemos planejar e nos preparar."[95]

A abertura foi uma mudança expressiva em relação ao padrão da Nokia. Quando Siilasmaa entrou na empresa, em 2008, era um empresário de tecnologia finlandês bem-sucedido que ficou fascinado com a possibilidade de fazer parte da diretoria da famosa organização. Contudo, na primeira reunião, ficou surpreso de não ouvir nem mesmo uma menção ao novo iPhone ou ao Android, que tinham sido lançados no ano anterior.

Logo ele se deu conta de que a equipe de gerência não partilhava o cenário de competitividade em queda da Nokia e que o conselho não a responsabilizava. "Se tivéssemos visibilidade", contou ele, "teríamos visto que a competitividade estava diminuindo rapidamente e perceberíamos as principais causas desse declínio. Os dados nos teriam dado as ferramentas para compreender o que realmente acontecia dentro da companhia."

Quando Siilasmaa assumiu a presidência do conselho, estava determinado a fazer mudanças. "Estávamos cansados de ser surpreendidos por notícias negativas sobre fatos que não deveriam nos surpreender", explicou ele. Ele criou um novo mantra: "Não existem más notícias. Más notícias são boas notícias." E explicou: "Quando sentimos que não precisamos ocultar possíveis aspectos negativos futuros, riscos, falhas e erros, confiamos mais uns nos outros."

Siilasmaa também usou transparência para manter as pessoas envolvidas, pedindo-lhes que partilhassem suas ideias e o que ocorria nas discussões de que participavam em tempo real. Ele insistiu que as atualizações em reuniões matinais fossem partilhadas até o meio-dia e que resultados de reuniões vespertinas fossem divulgados até o final da tarde. Ao ser franco e transparente, ele lentamente criou uma nova cultura de confiança.

A confiança era necessária para o excesso de tarefas, porque a Nokia estava perseguindo duas transações complexas ao mesmo tempo. Steve Balmer, CEO da Microsoft, procurou Siilasmaa para discutir a venda do negócio de celulares para o gigante de tecnologia.[96] Enquanto isso, a Nokia conversava com a Siemens sobre comprar a parte da Nokia Siemens que ainda não lhes pertence. Para administrar a complexidade, Siilasmaa implementou um processo de planejamento de cenário rigoroso para identificar suas opções estratégicas. A disciplina desse planejamento impôs um novo comportamento: em todos os níveis da organização, as equipes e as pessoas desenvolviam múltiplas opções e cenários de resultados, partilhando informações e tomando decisões.

Embora muitas negociações de aquisição transcorram como pequenas novelas, essas duas transações foram extraordinárias por ocorrerem simultaneamente. A transação da Microsoft viu três rodadas de negociação se dividirem ao longo de um ano. Em certo ponto, o conselho da Microsoft rejeitou o acordo que a Nokia tinha fechado com Ballmer. "Quando Steve (Ballmer) me ligou e disse que o conselho tinha recusado o acordo, pensei: 'Certo, não aconteceu como queríamos; vamos descobrir outro jeito para que dê certo'", disse-me Siilasmaa. A preparação, os cenários e a confiança que ele tinha criado junto ao conselho e à equipe gerencial lhe deram a segurança de que poderia virar, trocar e transformar com base em qualquer coisa que lhe fosse apresentada. Durante todo esse período, Siilasmaa continuou a se comunicar e partilhar informações de modo consistente. Na verdade, a diretoria e os comitês dos conselhos se reuniram mais de 100 vezes em menos de 2 anos; só em 2013, eles realizaram 64 reuniões de diretorias e dos conselhos dos comitês.

No final, a Nokia vendeu o setor de celulares para a Microsoft, comprou a metade da Nokia Siemens e adquiriu a Alcatel Lucent, empresa francesa de equipamentos de telecomunicações. Hoje, a Nokia é a segunda maior empresa de infraestrutura de telecomunicações do mundo, com receita de €22,6 bilhões em 2018, e 102 mil funcionários. Destes, apenas 5% faziam parte de seu quadro de colaboradores em 2013. A transformação da Nokia representa uma das mais audaciosas e surpreendentes que já vi no mundo empresarial.

Desenvolvendo uma Cultura Aberta

Embora nem todas as transformações sejam tão dramáticas quanto a da Nokia, a abertura pode criar uma base de confiança em sua organização. Aqui estão algumas melhores práticas:

Crie um ambiente seguro e inclusivo. Comunicações regulares, como reuniões gerais, atualizações via e-mail, audioconferências etc., são ótimas, mas só são eficientes se forem receptivas às ideias das pessoas. Por exemplo, se mantiver reuniões regulares, permita às pessoas fazerem perguntas anonimamente com antecedência e em tempo real, e comprometa-se a responder a todas, se o tempo permitir. Ou proporcione um meio para que as pessoas forneçam feedback anônimo, e fale publicamente de suas dúvidas e preocupações. Ao tratar dessas perguntas anônimas, mas às vezes difíceis, você demonstra que as pessoas podem confiar que não serão censuradas por levantar temas delicados, o que estimulará mais franqueza ao partilhar informações e construir confiança.

Identifique pontos críticos em que há pouca confiança e trate deles com abertura. Se o mal-estar estiver pairando sobre a organização, ataque a raiz do problema: onde a abertura exerceria o maior impacto? Trabalhe com as equipes afetadas para aprofundar a crença na abertura e desenvolver melhores formas de compartilhamento. A confiança virá lentamente a princípio, à medida que você insistir (e persistir) em ser aberto.

Dê o melhor uso aos dados e informações vitais. Certifique-se de que os dados que mais influenciam uma decisão estejam disponíveis para quem precisa. Uma organização percebeu que tinha dados essenciais sobre os clientes ocultos em uma plataforma acessível apenas à equipe de pesquisa de mercado. Dar acesso limitado à consulta a quem trabalhava em iniciativas relativas aos clientes sinalizou aos funcionários de toda a empresa que tinham a confiança de que usariam os dados com sensatez. Aqui não se trata de criar uma visão global do cliente, mas de identificar estrategicamente informações que a organização já possui e colocá-las nas mãos de pessoas que podem usá-las para criar impacto.

Dê início a plataformas de colaboração de negócios para estimular o compartilhamento. Entre as ferramentas mais subutilizadas e subvalorizadas nas organizações estão plataformas de colaboração, como

SharePoint, Teams e Slack. Certa vez, trabalhei com um valorizado unicórnio no Vale do Silício cuja plataforma de colaboração estava estagnada: nem um único executivo a tinha usado há mais de um mês. Partilhar precisa começar do alto, então estimule seus executivos a encontrar meios de divulgar atualizações do andamento dos projetos, dar informações de como as decisões são tomadas e solicitar perguntas a fim de criar engajamento. Todas essas ações diminuirão a distância do poder que existe naturalmente entre os níveis e criará maior confiança dentro da organização.

Meça a abertura e a confiança em sua cultura. Como engenheiro, Siilasmaa adora medir as coisas e aceitou o desafio de medir a mudança na cultura da Nokia. Por exemplo, ele mede a hierarquia na organização perguntando às pessoas o quanto se sentem à vontade em falar com o chefe do chefe. "Não é para ser fácil", explica ele, "mas, se há confiança, deve ser uma questão de simplesmente falar com a pessoa que está acima de seu chefe direto". Não é preciso medir tudo — apenas alguns comportamentos que indicam que seus esforços para criar uma cultura mais aberta e baseada em confiança está funcionando.

Use plataformas de colaboração para facilitar o fluxo de informações. Uma das maiores mudanças no ambiente de trabalho é o surgimento de plataformas de colaboração que permitem às pessoas trocar informações e ideias com menos conflito. Em *The Engaged Leader* [sem publicação no Brasil], contei a história de como David Thodey, CEO da Telstra, a líder australiana das telecomunicações, pediu aos funcionários que revelassem os principais processos de aprovação desnecessários e demorados que travavam a organização e se comprometeu a repará-los ou explicar por que existiam. Na primeira hora, 700 mensagens foram enviadas! Pode ser mais fácil para as pessoas, principalmente as no início da carreira e sem posições de poder, sentirem-se seguras ou confortáveis em partilhar informações online ou anonimamente.

A CRENÇA DA LIBERDADE: DAR PERMISSÃO PARA AGIR COMO DONOS

Uma equipe com que trabalhei me contou com orgulho que passou a ter mais progresso após o líder se comprometer a participar das reuniões de trabalho. Ao estar presente, ele podia tomar decisões de suas recomendações em tempo real. Minha primeira pergunta foi se o líder alguma vez tinha discordado de qualquer uma de suas recomendações. "Não, ele aprovou todas." Minha segunda pergunta foi se a participação do líder nas reuniões tinha influenciado suas recomendações. "Não. Nós já tínhamos obtido feedback por outros canais; apenas precisávamos de sua aprovação." Minha terceira pergunta foi, na verdade, uma observação: por que eles se davam ao trabalho de participar desse processo de aprovação, para começar?

Essa equipe ficou refém da crença comum de que todas as decisões tinham que ser aprovadas por alguém em um cargo superior.

Em meus workshops com organizações, escuto, com frequência, de gerentes e funcionários que eles não têm permissão de agir com independência ou fazer mudanças que achem necessárias sem aprovação de outra pessoa. É uma pena. Quando se está tentando alcançar clientes que avançam rapidamente, é preciso que todos se movam o mais depressa possível. Você não pode se dar ao luxo de ser detido por um controle desnecessário.

Organizações que dão liberdade a todos — isto é, capacidade de agir com independência e fazer as próprias escolhas — ajudam os funcionários a se enxergarem como donos e líderes de sua estratégia de transformação. Quando identificam uma necessidade de mudança, eles a fazem acontecer — independentemente de seu título ou cargo atual. Pessoas que recebem liberdade sentem a responsabilidade de pensar no bem da organização como um todo e tomam decisões com base em seus interesses de longo prazo.

Liberdade é mais que empoderamento, que é o poder que vem dos líderes no topo para os funcionários na base. Liberdade é uma rua de mão dupla: o poder vem com responsabilidade e deveres. As organizações que conferem um forte sentido de liberdade em relação a decisões deixam claro que, se você tomar uma decisão, também será responsável por ela. Como resultado, esses funcionários mostram os seguintes comportamentos:

- Eles nunca se valem da desculpa "Isso não era da minha alçada" para explicar por que algo falhou. Em vez disso, procuram as pessoas e recursos para realizar uma tarefa, muitas vezes, atravessando limites departamentais e culturais.
- Eles consideram o impacto exercido por suas decisões nos clientes e outras equipes ao longo do tempo. Eles estão dispostos a se contentar com menos para si mesmos e a equipe imediata, se isso significar maior benefício para a organização no longo prazo.
- Eles pensam nas necessidades e resultados futuros, como construir uma base para escala futura, identificando e investindo em clientes emergentes e encontrando e desenvolvendo grandes talentos.

A liberdade ameniza a dinâmica de poder. Vi estratégias de transformação serem interrompidas porque as equipes responsáveis por sua execução precisavam da aceitação dos altos executivos para avançar. Esse é um problema de muitas organizações, que erram ao se render ao que chamo de "opinião da pessoa mais bem paga". Em vez de basear uma decisão em dados sobre os clientes e discussões francas, eles aceitam o que o chefe decidir.

Mas quando há liberdade em toda a organização, o "chefe" não é o gerente ou o executivo no escalão superior, mas, sim, os clientes. Embora você possa e deva contestar as recomendações dos membros de sua equipe, precisa basear seus questionamentos na compreensão das necessidades dos clientes — não só em seu instinto. Seus funcionários não devem ter que ceder a fim de agradar a um executivo em algum ponto da cadeia de comando.

Quando você dá liberdade às pessoas em sua organização, também precisa estar preparado para apoiar totalmente suas ideias, mesmo que discorde delas. Pense em toda a energia desperdiçada na canalização de políticas internas, e não na decisão sobre o melhor resultado para seus clientes.

> "**Praticamente não existem empresas que tomam boas decisões lentas.** Existem só empresas que tomam boas decisões rápidas."
>
> — Larry Page, cofundador do Google e CEO da Alphabet

Qualquer esforço de transformação disruptiva que valha a pena será controverso, arriscado e difícil. E quando é tomada a decisão de seguir determinado rumo, todos devem colocar as diferenças de lado e apoiá-la, mesmo que discordem dela. É especialmente importante que haja apoio total à nova direção. Apoio incondicional mostra que você respeita o fato de eles serem donos da decisão. Eles precisam saber que você está a seu lado em qualquer circunstância, precisam confiar que trabalhará duro para o sucesso da iniciativa, e não ficará nos bastidores, esperando que ela falhe para dizer: "Eu avisei."

Vamos analisar como uma organização confere liberdade a seu pessoal.

Estudo de Caso: Amazon

A Amazon adota 14 "Princípios de Liderança" que servem de base para a estratégia e cultura da empresa.[97] Eles aparecem notadamente no site Amazon Careers. Dois desses princípios de liderança explicam a essência do que significa dar um senso de liberdade em relação às decisões a seu pessoal.

O primeiro princípio é "Propriedade", que a Amazon define desta forma: "Líderes são proprietários. Eles pensam no longo prazo e não sacrificam seu valor em detrimento de resultados de curto prazo. Eles não agem só a favor da própria equipe, mas de toda a empresa. Eles nunca dizem: 'Isso não é da minha alçada.'" Este princípio se manifesta em como os funcionários falam sobre seu trabalho: eles não descrevem o que fazem, mas, sim, do que são *donos*. Eles são donos da tecnologia, da experiência, do processo. Eles são responsáveis quando o que lhes pertence funciona, ou não.

O segundo princípio é: "Seja Determinado; Discorde e Se Comprometa." É assim que a Amazon o define: "Os líderes são obrigados a desafiar decisões quando discordam, mesmo que fazê-lo seja desconfortável ou exaustivo. Eles são convictos e perseverantes. Não se comprometem pelo bem da coesão social. Quando uma decisão é tomada, eles se comprometem por inteiro."

Em sua carta de 2016 aos acionistas, Jeff Bezos, CEO da Amazon, esmiuçou o princípio de "Discordar e Se Comprometer".[98] Incluo o texto da carta na íntegra porque ninguém explica esse conceito melhor do que ele:

Se tiver convicção sobre uma determinada direção, mesmo que não haja consenso, é bom dizer: "Olhe, sei que discordamos, mas quer participar do jogo comigo? Discordar e se comprometer?" Quando estiver nesse ponto, ninguém pode saber a resposta ao certo, e você provavelmente receberá um rápido sim... discordo e me comprometo o tempo todo. Recentemente, demos sinal verde a um determinado original da Amazon Studios. Dei minha opinião à equipe: é discutível se é suficientemente interessante, complicado para produzir, os termos comerciais não são tão bons e temos inúmeras outras oportunidades. Eles tinham uma opinião totalmente diferente e queriam prosseguir. Respondi imediatamente, dizendo: "Discordo, mas me comprometo, e espero que seja a coisa mais assistida que já fizemos." Imagine o quanto esse ciclo de decisões seria mais lento se a equipe realmente tivesse que me convencer do que simplesmente obter meu comprometimento.

Observe o que este exemplo não é: não sou eu pensando comigo mesmo: "Esses sujeitos estão errados e perderam o foco, não vale a pena insistir." É uma verdadeira divergência de opinião, uma expressão sincera de meu ponto de vista, uma chance para a equipe ponderar minha opinião e um comprometimento rápido e sincero de seguir em frente. E considerando que essa equipe já conquistou 11 Emmys, 6 Globos de Ouro e 3 Oscars, fico feliz por terem me deixado ficar na sala!

Bezos reconheceu com sensatez que, se todas as equipes tivessem que convencer a ele e aos demais de que cada decisão era a correta, a Amazon negligenciaria as necessidades dos clientes. Em vez disso, os executivos da Amazon garantiram que cada equipe se aproprie totalmente de suas decisões e que os dados e as análises utilizadas para tomá-las sejam rigorosos.

Instilando Liberdade em Sua Organização

Um de meus exemplos preferidos de instilar liberdade em uma organização vem do uso de contas de mídia social dos funcionários para partilhar notícias corporativas e experiências profissionais. A maioria das empresas adota uma política de que somente executivos com treinamento em mídia têm permissão de falar pela companhia. Imagine se, em vez disso, os funcionários tivessem um senso de liberdade. O que eles estariam dispostos a partilhar ou não? Essa oportunidade e responsabilidade vêm de líderes e colegas que dão liberdade aos funcionários, não de organogramas ou mapeamento de processos. Aqui estão algumas melhores práticas para conferir a todos na organização o senso de propriedade e confiança para tomar decisões ousadas que podem impelir seus esforços de transformação:

Demonstre confiança no julgamento deles. Uma coisa é dizer às pessoas que elas estão no controle; outra é *demonstrar* que você confia nelas para assumirem o controle. Quando alguém lhe traz um problema, não entre no modo de solução de problemas. Contenha-se e pergunte: "O que você acha que poderia fazer para resolver esse problema?" ou "Que medidas você recomenda?". Você está fortalecendo a confiança deles na habilidade de lidar com problemas e de procurá-lo em busca de conselhos, e não para lhes dizer o que fazer.

Possibilite propriedade e autoridade em partes. Se der poder às pessoas sobre um domínio ou grupo de decisões de um dia para outro, elas poderão não estar prontas. Em vez disso, passe responsabilidade para elas ao longo do tempo — e diga-lhes que está fazendo isso. Primeiro, peça para que o procurem com recomendações; depois, convide-as a desenvolver um plano de ação; e, por fim, peça que decidam. Não existe nenhum atalho fácil para formar senso de propriedade nas pessoas: transferir a propriedade requer intenção, comunicação e mentoria.

Perdoe e aprenda com os erros. Se sua organização é como muitas outras, o estigma e a vergonha acompanham o fracasso. Você, como líder, deve reconhecer o erro, mas ajudar a pessoa responsável por ele a seguir em frente. Realize um *post mortem* saudável focando energia não em quem censurar, mas no que todos podem aprender e aplicar no futuro. Codificar e partilhar esse aprendizado em toda a organização mostra que as falhas devem ser transformadas em oportunidades para aprender e também torna mais aceitável correr riscos. O que deve ser totalmente inaceitável é fracasso sem aprendizado — uma oportunidade perdida.

Simplifique e esclareça a estrutura de tomada de decisões. Dê uma olhada em sua estratégia e preveja os tipos e níveis de decisões que terão que mudar a fim de que ela se concretize. Se quiser uma resposta mais rápida para as preocupações de seus clientes, quem precisa aprovar essas respostas hoje? Como essas decisões devem ser tomadas no futuro? Reveja toda a estratégia sistematicamente e identifique onde a tomada de decisões está travando, não está clara ou não existe. Quando todos entenderem os limites das decisões que possuem e quando podem ultrapassá-los, as pessoas poderão focar a realização das tarefas em vez de se preocupar se estão desagradando alguém. Por exemplo, se os funcionários se depararem com um cliente insatisfeito, quanto eles poderiam gastar para reverter a situação? Provavelmente não milhares de dólares, mas poderiam ser US$50?

Crie um modelo da abordagem "discordar e se comprometer". Como líder, você toma decisões o tempo todo. Saia da zona de conforto e encontre uma oportunidade para apoiar a decisão de uma equipe, mesmo que discorde dela. Por exemplo, se um grupo quiser testar um novo modelo de negócios com um pequeno grupo de clientes, apoie-o mesmo que não esteja totalmente certo de que é o melhor momento para isso.

Esclareça quando uma divergência é esperada e quando é hora de se comprometer. Um dos maiores receios sobre estimular o debate é gerar mal-estar entre as partes quando as discussões terminam e uma decisão é tomada. É mais provável que surjam constrangimentos se nem todas as divergências foram exploradas ou quando elas aparecem depois que uma decisão foi tomada. Deixe muito claro que há lugar e hora para desavenças (por exemplo, no início do projeto), e tome medidas que estimulem que todas as opiniões e posições sejam partilhadas. Também esclareça que após o período de debates terminar e a decisão for acordada, as expectativas são de que todos estejam totalmente comprometidos com ela.

A CRENÇA DA AÇÃO: TRABALHANDO NA VELOCIDADE DAS OPORTUNIDADES

Culturas de inércia se desaceleram quando veem mudanças. Culturas de fluxo fazem o oposto: apressam-se na direção da mudança por causa das oportunidades de crescimento que representa. A crença da ação é a habilidade sustentada de uma organização de reconhecer oportunidades de mudança e se mover rapidamente enquanto a executa nos níveis mais elevados. Culturas de fluxo preferem ação à inação, assumir riscos a buscar a certeza. Elas olham a mudança e a agitação como normais e administráveis e esperam que façam parte de sua rotina diária. Elas ficam mais fortes com elas, não mais fracas. Uma inclinação à ação permite às organizações se adaptarem constantemente para a próxima busca. Ela está arraigada em todos os níveis, e não reservada para alguns "inovadores" eleitos.

Muitas vezes, as culturas de inércia equiparam uma análise minuciosa à excelência; elas acreditam que estar totalmente seguras dos fatos é a meta final. O problema é que elas muitas vezes justificam a realização de cada vez mais análises para se certificar de que ponderaram todas as opções, quando, na verdade, só estão adiando a decisão. Essa paralisia por análise leva à espera do momento perfeito para agir que, é claro, nunca acontece.

As pessoas nas organizações que acreditam em ação fazem exatamente o oposto: elas desenvolvem o esboço de um plano e dão grande importância a agir rapidamente. Isso exige não ter receio de tomar decisões, mesmo diante de incertezas. As pessoas nas organizações que acreditam em ação não sentem a necessidade de fazer algo direito, mas de fazer *algo*.

> "O mais difícil é decidir agir, o resto é só tenacidade. Os temores são 'tigres de papel'. Você pode fazer qualquer coisa que decidir. Você pode agir para mudar e controlar sua vida; e o procedimento, o processo, é sua recompensa."
>
> — Amelia Earhart, aviadora

Isso não significa que elas não tenham medo de fracassar, mas ainda analisam os dados, calculam, aceitam o risco e partem para a prática. Elas sabem que o preço de não agir é muito mais alto do que o de cometer um erro. Elas valorizam correr riscos *calculados* (note a ênfase em "calculados"); elas deixam claro quais riscos seriam inaceitáveis e então deixam as pessoas à vontade, dizendo: "Vá em frente!"

Em minha pesquisa, constatei que organizações com crenças sólidas mostram os seguintes comportamentos:

Elas adotam o lema "feito é melhor que perfeito". Organizações de fluxo evitam a armadilha de tentar fazer algo com perfeição antes de avançar. Elas sabem que não podem ganhar dinheiro com produtos e serviços não lançados e que quanto mais esperarem, maior é a probabilidade de que um concorrente chegue ao mercado antes delas. Assim, elas focam tomar decisões e lançar o que alguns no setor de tecnologia chamam de "produto minimamente viável" para ver como os clientes usam o produto ou serviço.

Elas abrem caminho para o sucesso com testes e falhas. Organizações com inclinação à ação aceitam que cometer erros e falhar são partes naturais da jornada para o sucesso; que estão em melhor situação aprendendo o que funciona ou não com os clientes do que tentando descobrir isso no laboratório.

Elas definem os próximos passos e prazos. Organizações com uma forte crença em ação são disciplinadas quanto aos meios de definir com clareza os próximos passos, bem como os prazos para que esses passos sejam completados e, assim, decisões possam ser tomadas.

Esses comportamentos levam a uma capacidade essencial: a habilidade de constantemente tentar coisas novas para descobrir o que realmente funciona. Se, em vez disso, você focar fazer somente o que sabe que funcionará, deixará escapar muitas oportunidades.

Estudo de Caso: SNHU

No Capítulo 2, examinamos como a Southern New Hampshire University (SNHU) tomou algumas decisões radicais para se tornar a maior provedora de cursos universitários credenciados do mundo. Seus líderes tomaram medidas para agir mais depressa, a fim de aproveitar as oportunidades que surgissem. Na manhã de sexta-feira, 2 de setembro de 2016, o presidente Paul LeBlanc recebeu uma ligação do Departamento de Educação dos EUA notificando-o que o Daniel Webster College, de uma região próxima, estava prestes a perder seu credenciamento e fechar porque a universidade-mãe, ITT, estava declarando falência.[99] O departamento perguntou se a SNHU estaria interessada em assumir o Daniel Webster, permitindo que os alunos continuassem os estudos. O problema é que a SNHU só tinha seis dias para tomar e executar a decisão antes que o credenciamento fosse retirado.

LeBlanc reestruturara a SNHU no início daquele ano, visando esse tipo de oportunidade, criando a estratégia "Uma SNHU" que permitia maior colaboração interfuncional. Na hora do almoço do dia da notificação, ele tinha criado uma equipe interfuncional, e no dia seguinte, sábado, a equipe estava no campus do Daniel Webster. Na terça-feira, 6 de setembro, a SNHU negociou um acordo com a ITT, que foi anunciado no dia seguinte.

Em qualquer organização, sobretudo em uma educacional, essa oportunidade teria sido levada diante de um comitê de estratégia, que então teria que cumprir padrões acadêmicos, e, por fim, ao conselho, para aprovação. Isso levaria semanas, até meses. Em vez disso, a SNHU tirou todo seu pessoal pré-identificado dos vários departamentos e unidades de negócios e o colocou na equipe. LeBlanc não se preocupou com quem "era dono" da decisão, porque todos que queriam participar já estavam envolvidos.

Adotando uma Tendência de Ação

Como se desenvolve a habilidade de identificar novas oportunidades e reagir a elas tão depressa quanto a SNHU fez quando adquiriu o Daniel Webster

College? Se sua organização precisar aumentar sua crença na ação, pense em adotar algumas destas melhores práticas:

Aumente e meça a capacidade de mudança. Organizações voltadas à ação adotam a necessidade de mudar e evoluir. Elas sabem que a mudança das necessidades e condições do cliente exige ajuste contínuo. Como resultado, preparam-se emocionalmente. Elas também criam estrutura e estabilidade para que, em vez de sofrer de "fadiga da mudança", elas sejam fortalecidas para agir. Em um esforço de administrar o que importa, meça o nível de conforto de sua organização em relação à mudança. Verifique com seus funcionários para saber o quanto eles se sentem à vontade com mudanças e se a perspectiva de mudança no horizonte os deixa animados ou exaustos. Realizar essa investigação identificará onde se deve concentrar seus esforços de transformação. Além disso, quando fizer contratações, identifique pessoas já preparadas para mudanças ao fazer perguntas que testem sua inclinação para ação.

> "Para começar, pare de falar e comece a fazer."
>
> — Walt Disney, animador e empresário

Invista em e desenvolva as habilidades extrassensoriais de seus funcionários. As pessoas não desenvolvem um "sexto sentido" para detectar oportunidades sem prática e apoio. Encoraje os funcionários de todos os níveis a cultivar suas redes profissionais e partilhar informações sobre o que está acontecendo dentro e fora da empresa, por meio de crowdsourcing ou redes sociais e comunidades de especialistas. Torne dados dos clientes e ferramentas de monitoramento social acessíveis aos funcionários para que eles possam identificar e agir em relação a mudanças no mercado. Invista internamente em plataformas e treinamento. Pode ser tentador retardar ou cortar gastos nessas áreas, mas elas são cruciais a sua capacidade de identificar e usar oportunidades de crescimento.

Defina o campo de decisão. Dois tipos de decisões costumam ser tomadas: as fáceis de reverter e as outras. Porém, até mesmo as irreversíveis podem ser aceitáveis, contanto que não debilitem a organização. Se quiser que as pessoas se sintam à vontade para correr riscos, precisa definir com clareza que erros e falhas são toleráveis. Defina os limites do campo em que jogarão, explicando que, contanto que fiquem em seu campo, estão livres para ir a qualquer lugar que o cliente e o mercado os levem. Da mesma forma, esclareça a definição de risco "calculado": qual é o mínimo para avançar? Algumas organizações exigem apenas um plano preliminar, uma análise dos possíveis piores cenários e algumas alternativas em potencial para perseguir no caso de esse plano não dar certo.

Force decisões e ações com prazos impossíveis. Vi muitas organizações definirem prazos quando todos sentem que reuniram todos os dados necessários para tomar uma decisão. Isso é muito demorado! Em vez disso, determine o número mínimo de dados necessários para escolher entre as opções A e B, calcule quanto tempo será necessário para obter esses dados e defina o prazo. Se sua equipe for nova nesse tipo de atividade, defina um prazo impossivelmente curto (horas e dias, não dias e semanas) para obrigá-la a chegar a uma decisão, mesmo que fique realmente pouco à vontade com ela. Com o passar do tempo, sua equipe ficará mais à vontade ao tomar decisões com um mínimo de análise.

AVANÇANDO

Todas as pesquisas que realizei apontam para uma verdade fundamental: a única forma de mudar a cultura é começar a trabalhar de modo diferente.

Comece com uma rápida pesquisa ao perguntar às pessoas na organização o que está funcionando bem e o que precisa melhorar. Essas discussões lhe darão uma ideia das crenças subjacentes que formam sua organização — e com que consistência ou não elas são adotadas nos diferentes departamentos, unidades de negócios ou setores. Compare suas anotações com as crenças das organizações de fluxo e verá as lacunas que precisam ser resolvidas.

Então, sistematicamente, repasse as crenças vigentes em sua organização e decida se elas — e os comportamentos associados que as reforçam — devem ser mantidas ou eliminadas. Substitua-as por crenças e comportamentos de fluxo que lhe permitirão perseguir com confiança seus futuros clientes e executar sua estratégia de disrupção.

CONCLUSÕES

- Sua estratégia de transformação disruptiva só pode ser executada com a rapidez que a sua cultura permite. Para mudar a cultura, troque as crenças e comportamentos básicos que definem como o trabalho é realizado.
- Organizações capazes de conduzir uma transformação disruptiva têm três crenças — abertura, liberdade e ação — que lhes permitem prosperar com disrupção e mudança.
- Você pode começar a mudar sua cultura identificando as crenças que o impedem de avançar e concordar em não mais segui-las. Para substituí-las, identifique novas crenças que a sua organização deve adotar.

"Processos impulsionam a cultura, não o oposto; então não mude só a cultura, mude o sistema."

— Eric Ries, autor de *A Startup Enxuta* e *O Estilo Startup*

CAPÍTULO 6
• • • • • • • • • • •

O SISTEMA OPERACIONAL DA CULTURA DE FLUXO

O CAPÍTULO ANTERIOR examinou como as crenças de ser aberto, disseminar liberdade entre os funcionários e adotar uma postura proativa formam a base de uma cultura de disrupção e como você pode dar o primeiro passo para desenvolvê-las. Mas apenas adotá-las não basta para criar e sustentar uma transformação disruptiva em sua cultura. Também é preciso conectar essas novas crenças ao que chamo de sistema operacional da organização — estrutura, processos formais e informais, rituais, símbolos e histórias — para que os comportamentos disruptivos desejados se tornem a norma, em vez da exceção.

Sem o sistema operacional disruptivo, você não pode coordenar nem alavancar a escala e o poder de sua organização. Esta é uma das constatações mais irônicas de minha pesquisa: as organizações com maior grau de transformação disruptiva têm sistemas operacionais fortes e estabelecidos, o que parece se opor diretamente à disrupção.

Isso ocorre porque a maioria pensa que a "cultura disruptiva" é uma união de pessoas criativas trabalhando de forma desornada e caótica. O que observei nas organizações disruptivas foi o oposto: pessoas criativas *e* realizadas trabalhando *juntas* com estruturas e processos claros. Por não terem que se preocupar com a maneira de trabalhar, elas podem simplesmente se concentrar em realizar um ótimo trabalho juntas.

Se o sistema operacional não estiver ajustado a suas crenças e estratégia disruptiva, ele afundará sua empresa. A incerteza sobre estruturas de relatórios e processos de tomada de decisão resultam em atitudes políticas; dados cruciais permanecem fechados em silos; e histórias de iniciativas heroicas refletem as glórias passadas, em vez de mostrar a realidade. Em vez de fazer a empresa progredir, o sistema cria estagnação. Um executivo com que trabalhei comparou a condução de iniciativas de transformação disruptiva a empurrar uma pedra imensa morro acima. A equipe estava sofrendo de "fadiga da mudança", e se sentia em um constante estado de luta por uma mudança monumental na organização sem ter muito o que mostrar por seus esforços. Eles estavam exaustos e desmoralizados.

Quando converso com organizações disruptivas sobre seus sistemas operacionais, elas descrevem seus esforços de transformação de modo diferente. Sim, é difícil criar disrupção, mas a dificuldade não *permanece*. Em algum ponto, a estrutura, as rotinas e os processos são assimilados, e realmente fica mais fácil e exige menos esforço sustentar o novo modo de trabalho.

Um sistema operacional coeso e estável garante que todos estejam alinhados com a visão, a estratégia e as crenças desde o início. Como um carro de corrida bem regulado, o sistema operacional de sua cultura funciona como o motor que impulsiona a organização com mais rapidez. Com menos esforço despendido em cada iniciativa disruptiva, é menos provável que a fadiga se instale. E, sem fadiga, uma organização de fluxo é capaz de realizar mais mudanças disruptivas. É a epítome do volante de disrupção.

A MICROSOFT APERTA O F5

Em 2011, Satya Nadella ficou muito pouco à vontade por algo que viu na internet. Manu Cornet, um programador do Google, publicou ilustrações com o intuito de mostrar com humor as várias maneiras como grandes empresas de tecnologia eram organizadas.[100] O desenho mostrou seis ilustrações de estruturas organizacionais em empresas como a Amazon e a Apple. Mas a que ilustrava a estrutura da Microsoft se destacou: ela retratava múltiplas divisões apontando armas umas para as outras.

Na época, Nadella sabia que a Microsoft não estava na direção certa. "Após anos deixando todos os concorrentes para trás, algo estava mudando, e não era para melhor. A inovação dava lugar à burocracia. O trabalho em equipe, a fatores políticos internos. Estávamos ficando para trás", escreve em seu livro, *Aperte o F5*.[101] O desenho foi um doloroso lembrete do quanto sua cultura tinha mudado para o pior. "Foi impossível ignorar o recado do humorista", escreve ele. "Como veterano há 24 anos na Microsoft, membro consumado do grupo, a caricatura realmente me incomodou. Mas o que aborreceu mais foi que nosso próprio pessoal simplesmente a aceitou."

Nadella reconheceu que, para provocar uma reviravolta na Microsoft, a empresa tinha que pensar e agir de modo diferente. Ele tornou a mudança da cultura sua prioridade e promoveu o conceito de ter empatia — pelos clientes, funcionários, parceiros — como a crença principal da nova cultura da empresa. Em 2015, a Microsoft reforçou a nova estratégia e cultura ao reorganizar unidades de negócios anteriormente rivais nos mesmos grupos (por exemplo, colocando o software e os dispositivos Windows no mesmo grupo).[102]

Conseguir que uma empresa pense e trabalhe de modo diferente, como a Microsoft fez, exige uma forte disciplina. Toda pessoa precisa estar disposta a abrir mão de um pouco de liberdade e adotar diretrizes e elementos de segurança para garantir clareza, consistência e estabilidade. Em um mundo repleto de grandes incertezas, saber o que *não* vai mudar confere às pessoas a confiança de que os alicerces não desabarão.

Ao mesmo tempo, todos precisam se comprometer a trabalhar rigorosamente para atingir altos níveis de execução, o que garante que todos deem o melhor de si. Quanto mais incertezas você tiver no seu trabalho cotidiano, mais ordem, clareza e estrutura precisará em outras áreas.

Vi muitas organizações assumirem transformações disruptivas, mas focarem elementos da estratégia e ignorar ou adiar essas questões até ser tarde demais. Não se pode estalar os dedos, declarar-se uma organização disruptiva e esperar que todos saibam o que isso significa no nível operacional. Garantir alinhamento consome tempo, energia e recursos; não é algo que ocorre naturalmente. Sim, pode ser entediante preparar uma matriz de responsabilidades ou apresentar um novo processo. Pode parecer tolice criar um novo ritual de reconhecimento. Mas é essencial ter um sistema operacional bem desenvolvido que possa sustentar o crescimento disruptivo.

A vantagem de focar o sistema operacional de sua cultura é que isso lhe permite modificar elementos que afetem diretamente comportamentos desregrados. Por exemplo, conheci o líder de uma equipe de vendas que ficou frustrado porque seus subordinados não estavam seguindo o novo posicionamento para a empresa. Acontece que uma nova proposição de valor era imposta ao pessoal de vendas a cada seis meses. A equipe não tinha certeza de que a liderança sabia o que estava fazendo, então, por que mudar o modo de agir se tudo mudaria outra vez? Eles continuaram a fazer as coisas do mesmo jeito, na esperança de que ninguém notasse.

Em outra organização com que trabalhei, por trimestres seguidos, o "astro" da empresa não sofreu consequências por não cumprir compromissos básicos. Como resultado, outros integrantes começaram a relaxar, acreditando que não sofreriam consequências. A gerência sabia que era um problema, mas não teve coragem de exigir que o "astro" entrasse na linha com receio de que se demitisse e levasse as principais contas com ele.

Essas situações parecem familiares? Você não pode avançar e procurar futuros clientes se ainda estiver lutando para cumprir os aspectos básicos para atender aos clientes atuais. Um sistema operacional bem elaborado e calculado cria um senso de ordem que confere três benefícios fundamentais:

1. Organizações com um sólido sistema operacional disruptivo criam melhores produtos e serviços para os clientes porque todos estão alinhados e trabalham na mesma coisa.
2. Pessoas de alto desempenho são atraídas por empresas bem administradas, o que ajuda o recrutamento e a retenção.
3. Organizações com processos fortes podem passar mais rapidamente pelos ciclos da disrupção porque têm uma base sólida que não precisa mudar.

Recentemente, trabalhei com uma empresa que uniu esforços diante de uma ameaça da concorrência, identificou um novo processo de fabricação e levou novos produtos para o mercado rapidamente. Um sucesso! "Isso foi há dois anos e ainda estamos nos recuperando!", admitiu o diretor de estratégia. O processo praticamente os destruiu, porque foi muito difícil restabelecer a ordem. Constatei que as empresas que avançam mais rapidamente evitam esse tipo de esgotamento por não apostarem alto. Em vez disso, elas fazem muitas apostas menores rapidamente e então voltam a um estado de ordem antes de passar por outro ciclo de avanço. Organizações disruptivas são como atletas: eles treinam constantemente, sempre se esforçando para aumentar mais um pouco as suas capacidades.

A recuperação é uma parte tão importante do treinamento quanto o esforço. Assim como atletas sistematicamente programam um tempo para que seus corpos se recuperem, as organizações também precisam fazer o mesmo. Sem essa pausa para se recuperar e voltar a centrar, sua organização se arrisca a avançar depressa demais e ter que recuar para compensar os erros que, de outra forma, poderiam ter sido evitados. Como as relações de poder mudam e são reescritas constantemente durante épocas de mudança disruptiva, uma organização precisa de tempo para descobrir onde todos estão e como todos avançarão *juntos* antes de prosseguir. É contraditório: você precisa desacelerar para andar depressa.

Neste capítulo, detalharei melhor como organizações disruptivas se esforçam para definir sua cultura de fluxo ao desenvolver sistematicamente os três elementos culturais que compõem seu sistema operacional: estrutura, processos e tradição (veja a Figura 6.1):

Estrutura. A estrutura define as relações de poder no local de trabalho, como a proximidade física entre as pessoas. Em um ambiente de trabalho cada vez mais digital e remoto, a estrutura assume uma importância ainda maior ao definir quando e como as pessoas trabalham juntas.

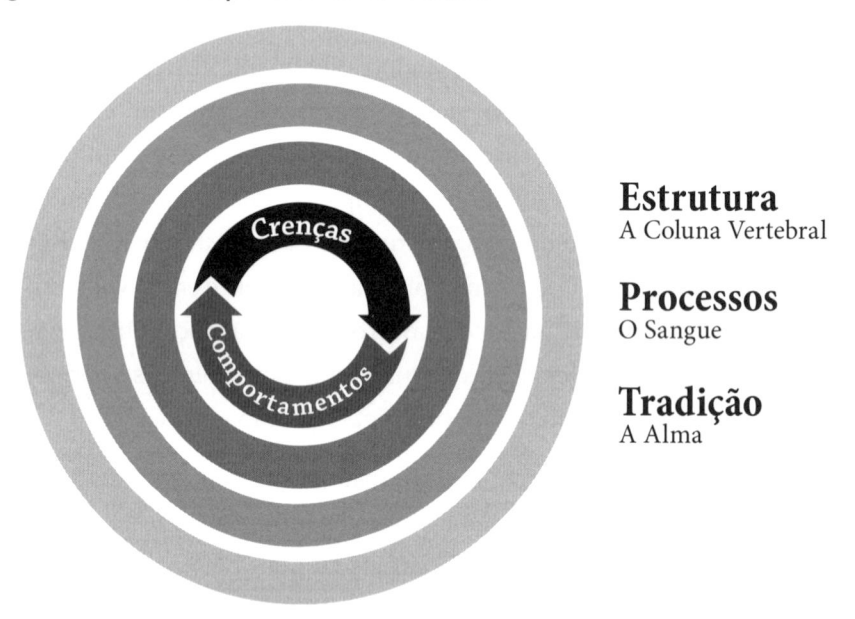

Fig. 6.1 **O Modelo Operacional da Cultura**

Estrutura
A Coluna Vertebral

Processos
O Sangue

Tradição
A Alma

Processos. Processos incluem qualquer coisa que possa ser captada e anotada, como passos reproduzíveis ou uma política que oriente o desenvolvimento de um processo. Os exemplos variam do processo de planejamento estratégico e como os investimentos são priorizados a detalhes como a condução de reuniões ou oferecimento de feedback.

Tradição. Segundo o *Dicionário Oxford*, tradição é "o conjunto de comportamentos e conhecimentos sobre um tema ou adotados por um grupo específico, normalmente passados de uma pessoa a outra oralmente".[103] São histórias, símbolos, rituais e tradições que as pessoas compartilham. Ela é uma espécie de confirmação rápida de que as pessoas estão juntas, lutando pelos mesmos objetivos. Mais importante, refletem os elos emocionais de confiança que facilitam o caminho para a mudança.

ESTRUTURA: A COLUNA DE SEU SISTEMA OPERACIONAL

A estrutura dos departamentos e unidades de negócios desempenham um papel importante na organização porque deixa claro como as informações e tomadas de decisão fluem nela. Seria lógico que as pessoas que precisam trabalhar umas com as outras com frequência se sentassem figurativa e literalmente perto umas das outras na estrutura organizacional.

Em épocas de estabilidade, a estrutura proporciona foco e responsabilidade, criando eficiências para levá-lo ao próximo nível de produtividade. O foco repousa na execução e cumprimento de metas de curto prazo. O que organizações disruptivas fazem bem é criar uma estrutura flexível que sustente a busca por oportunidade para atender a futuros clientes. Elas fazem uma certa separação entre a inovação e o seu núcleo, o que dá lugar à mudança disruptiva. E também têm um nível de conexão com seu núcleo que lhe permite realizar sinergias entre recursos, conhecimentos e mercado.

Contudo, a maioria das organizações tradicionais separa seu núcleo da parte da inovação — o que é seu maior erro. Em tempos de fluxo e mudança, esses silos se tornam um entrave, pois é preciso construir janelas e pontes entre essas entidades para criar novos produtos que atendam às necessidades de novos clientes. Com a diminuição do tempo entre períodos de constância e mudança, hierarquias organizacionais tradicionais não lidam com a situação com eficiência. Embora a maioria das organizações tenha organogramas, o modo pelo qual o trabalho é realmente feito parece totalmente diferente (veja a Figura 6.2).

Fig. 6.2 **Organogramas Tradicionais Não Refletem como o Trabalho É Realmente Realizado**

Disposição das organizações tradicionais

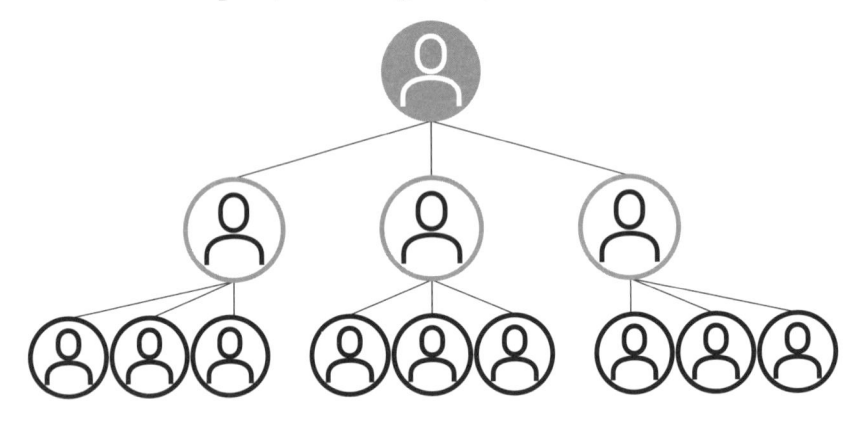

Como funciona na prática

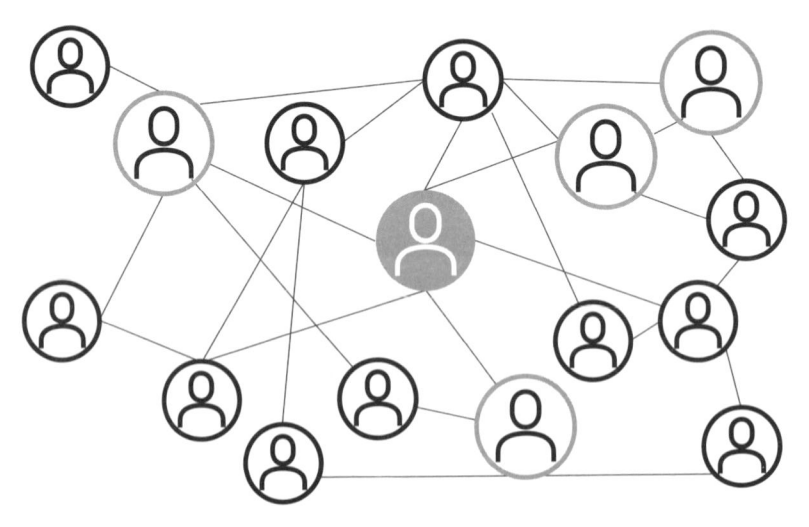

Os dados confirmam essa situação. A Pesquisa Anual de Cultura Global do Centro Katzenbach descobriu que só 58% de líderes seniores (membros da C-Suite e da diretoria) concordam ou concordam totalmente que a disposição tradicional retrata como o trabalho é realizado.[104] Pior, só 45% dos funcionários sem cargos de gerência concordam que isso é verdadeiro.

A desconexão entre estruturas organizacionais formais e o modo como elas realmente funcionam é o motivo pelo qual as empresas passam por tantas reorganizações. Elas são uma tentativa de fechar as lacunas entre o que está no papel e como o trabalho é, de fato, realizado.

Em quase todos os casos, as organizações acham que mudar os quadros de lugar no organograma mudará a cultura ou que a nova estrutura resultará em melhores meios de cumprir seus objetivos.

Não é assim que funciona. A mudança organizacional funciona quando você identifica as crenças e comportamentos que deseja alterar e então cria novas estruturas para reforçar essas novas crenças e comportamentos.

A Agilidade no ING Bank

O ING, um banco de varejo nos Países Baixos, é um ótimo exemplo de empresa que baseou a nova estrutura nas crenças e comportamentos que queria mudar. O ING observou que o setor bancário passava por mudanças sísmicas e que, para sobreviver, teria que trabalhar de modo diferente: teriam que se tornar mais ágeis. "O segredo foi reunir o pessoal de TI e da área comercial em uma equipe para trabalhar de forma independente e pensar em um produto, criá-lo e levá-lo ao mercado com o máximo de independência possível", explicou Nick Jue, CEO na época.[105]

Para iniciar a transformação, a equipe de liderança analisou empresas como Google, Netflix, Spotify e Zappos, que vinham trabalhando com equipes ágeis há anos. O resultado foi uma profunda compreensão dos benefícios da agilidade. Quando o banco comunicou as futuras mudanças estruturais em novembro de 2014, seus líderes estavam preparados para comunicar o "porquê" e o "quê" por trás da iniciativa: reduzir o tempo de chegada ao mercado, melhorar a experiência do cliente e aperfeiçoar as capacidades digitais do banco. Os funcionários estavam entusiasmados por estar se juntando às fileiras de empresas como Netflix e Google.

Nas semanas seguintes, o foco passou para o "como", que incluía separar departamentos, reestruturando-os em pequenas equipes e permitindo que os funcionários soubessem o que isso significaria para cada um deles. O benefício de separar o "porquê" e o "quê" do "como" foi que todos entenderam o motivo pelo qual o banco tinha que fazer essa mudança, mesmo que não compreendessem por completo o quanto o novo "como" seria radicalmente diferente.

A transição teve início na primavera de 2015, começando pela equipe de liderança no nível imediatamente abaixo da equipe executiva do ING Netherlands. Os funcionários tiveram que se candidatar a novos cargos. Quando eles não foram preenchidos pelas mesmas pessoas — funcionários e líderes que eram vistos como especialistas em um setor e exerciam essa função há anos —, o fato foi um alerta para todos na empresa. O processo de seleção não focava apenas o conhecimento e experiência dos funcionários. Ele também levava em consideração seus mindsets e comportamentos e o quanto estavam alinhados com o "Código Laranja", o novo conjunto de valores da empresa (veja a Figura 6.3).

Fig. 6.3 O Código Laranja do ING

O Código Laranja
Nossos comportamentos

Você se compromete e faz acontecer

Você assume a responsabilidade pela execução dos projetos, por cumprir suas promessas e pelas consequências de seus atos

Você delega para motivar os outros, manter o impulso e criar impacto

Você pede ajuda e feedback ativamente. Seus colegas o ajudarão a ter sucesso, se você permitir

Você se expressa – dando crédito ao bom trabalho e tendo a coragem de confrontar o mau desempenho

Você ajuda os outros a serem bem-sucedidos

Você colabora – colocando interesses pessoais de lado para atingir as metas que importam ao ING

Você ouve – investindo nos outros, independentemente de status, experiência ou opinião

Você contribui em diversas linhas de atividade e traz pessoas de fora de sua área

Você confia na intenção e no conhecimento dos outros

Você sempre está um passo adiante

Você desafia as convenções, a complexidade e suas próprias suposições, mas somente quando está preparado para ser parte da solução

Você traz mudança adaptando-se rapidamente quando a situação exige uma nova abordagem

Você inventa e simplifica – se não funcionar, você reinventa. Se funcionar, você melhora

Você é corajoso – admitindo e aprendendo com seus erros ao ser

Fonte: Banco ING

O objetivo desse processo de recontratação foi identificar as pessoas que teriam êxito na nova forma de trabalhar, que seria radicalmente diferente do antigo ING Netherlands. Três meses depois, quando o processo de seleção foi concluído, 25% dos gerentes não foram recontratados. Além disso, a maioria dos gerentes e diretores não tinham mais seus títulos; eles agora estavam organizados em uma estrutura formada por tribos, esquadrões e setores (veja a Figura 6.4).

Fig. 6.4 **Estrutura Organizacional no ING Netherlands**

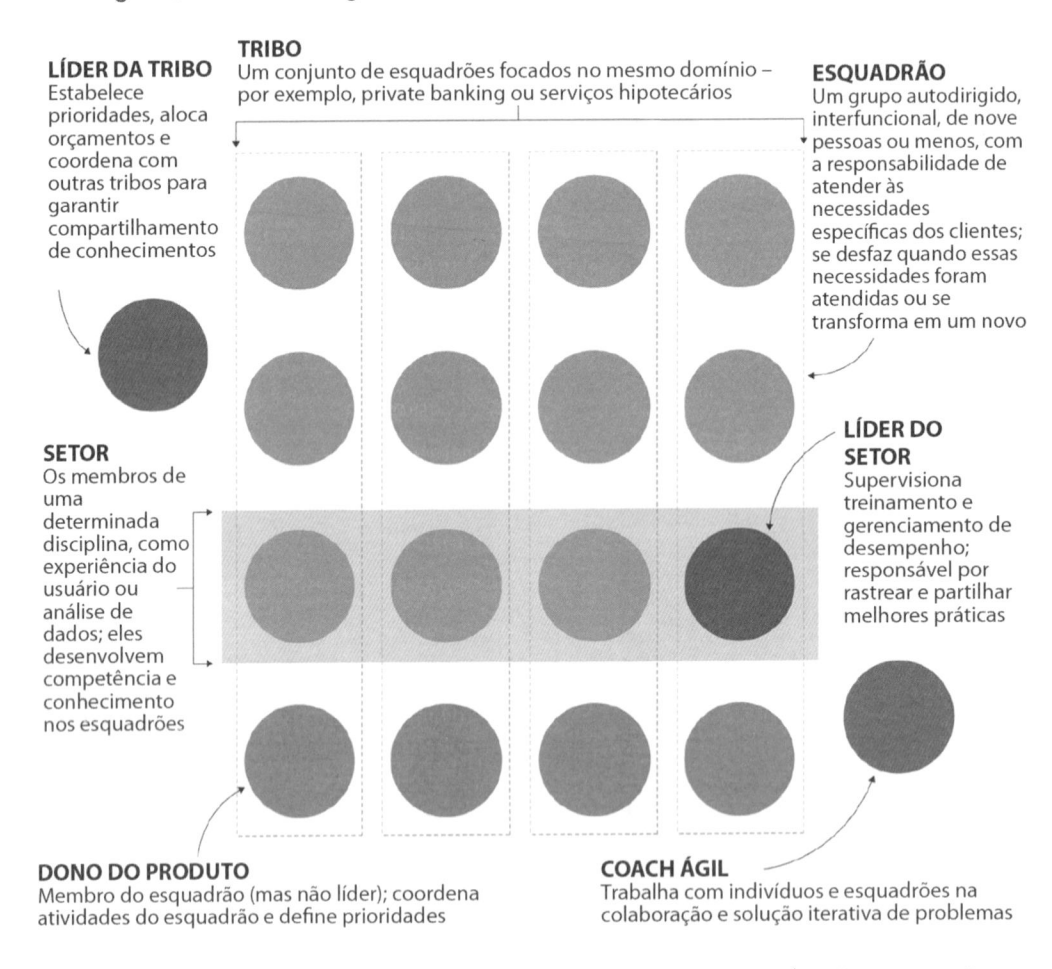

LÍDER DA TRIBO
Estabelece prioridades, aloca orçamentos e coordena com outras tribos para garantir compartilhamento de conhecimentos

TRIBO
Um conjunto de esquadrões focados no mesmo domínio – por exemplo, private banking ou serviços hipotecários

ESQUADRÃO
Um grupo autodirigido, interfuncional, de nove pessoas ou menos, com a responsabilidade de atender às necessidades específicas dos clientes; se desfaz quando essas necessidades foram atendidas ou se transforma em um novo

SETOR
Os membros de uma determinada disciplina, como experiência do usuário ou análise de dados; eles desenvolvem competência e conhecimento nos esquadrões

LÍDER DO SETOR
Supervisiona treinamento e gerenciamento de desempenho; responsável por rastrear e partilhar melhores práticas

DONO DO PRODUTO
Membro do esquadrão (mas não líder); coordena atividades do esquadrão e define prioridades

COACH ÁGIL
Trabalha com indivíduos e esquadrões na colaboração e solução iterativa de problemas

Fonte: "O Experimento da Equipe Ágil de um Banco"
Harvard Business Review, março-abril de 2018

Para pessoas de fora, essa estrutura organizacional parece ser destinada a maximizar o caos, e não agilizar as operações. E, enquanto o banco inicialmente priorizou a formação de tribos e esquadrões autodirigidos, em parte isso de fato aconteceu. Em um prazo curto, o ING instituiu a Revisão Trimestral de Negócios (QBR, na sigla em inglês), adotando o modelo da Netflix. Em cada trimestre, os líderes das tribos se reúnem para revisar o trabalho de todos e alinhar seus esforços às prioridades do banco.

Embora a estrutura organizacional seja uma parte significativa da transformação do ING, há uma mudança subjacente e mais importante ocorrendo no banco. "Quando começamos a falar sobre transformações ágeis, falamos sobre tribos e esquadrões, mas essa realmente não é a grande mudança", explica Gijs Valbracht, coach ágil no ING, em um estudo de caso da Harvard Business School.[106] "A grande mudança está na parte do mindset: por que queremos colaborar com a organização?" Esse "porquê" — maior flexibilidade e agilidade para procurar novos clientes — é crucial.

Como Elaborar uma Estrutura Organizacional Disruptiva

O estudo de caso do ING Netherlands é um ótimo exemplo de uma empresa comprometida em passar a uma estrutura organizacional que sustenta a disrupção. Mas equipes ágeis não são as únicas estruturas que podem atingir esse objetivo. Não existe uma estrutura organizacional perfeita para a transformação disruptiva. Existe apenas a perfeita para *sua* estratégia e *sua* organização nesse momento em especial. Aqui estão algumas melhores práticas para ajudá-lo a iniciar sua transformação organizacional:

Compreenda e aceite a verdade. Realize uma análise atenta de sua organização. Descubra onde estão os desajustes na estrutura da empresa e como o trabalho é realizado. Essa também é uma oportunidade para descobrir onde se encontram as pessoas influentes da empresa. É provável que você descubra que elas não são necessariamente os detentores de elevados títulos, mas, sim, contribuidores individuais com amplas redes de relacionamento na organização. Eu lhe garanto que verdades desconfortáveis virão à tona rapidamente. Aceite-as e planeje como a futura estrutura organizacional levará essa realidade em conta ao mesmo tempo em que sustenta a condição que deseja no futuro.

Organize-se tendo em vista futuros clientes, não produtos ou funções. A maioria das organizações alega focar o cliente. Mas, quando os clientes estão no centro de seu negócio, tudo parte de um princípio organizacional baseado na resposta a esta simples pergunta: o que é melhor para eles? Em vez de basear sua empresa em departamentos funcionais ou grupos de produtos, estruture-a ao redor das necessidades dos clientes atuais e futuros. Por exemplo, a Intermountain Healthcare, a maior provedora de serviços e seguros de saúde de Utah, passou de uma estrutura geograficamente definida para uma de dois grupos principais, um grupo de Atendimento Comunitário, focado na manutenção da saúde das pessoas, e um grupo de Atendimento Especial, para atender pacientes que exigem hospitalização ou procedimentos especializados.[107] Os processos e métricas para esses dois grupos de atendimento são diferentes e estão alinhados com as necessidades de seus clientes muito diferentes.

Mapeie relacionamentos essenciais. Que tipo de relações de poder precisam ser formadas para sua estratégia acontecer? Destaque conexões importantes, frequentes e difíceis e as transforme em realidade por meio de sua estrutura. Conheço uma organização que combinou duas equipes, a de tecnologia e a de estratégia, que frequentemente divergiam porque não falavam a mesma linguagem. Quando tiveram que se reportar à mesma organização e também literalmente sentar-se ao lado uma da outra, elas começaram a dirimir as diferenças e formar um consenso.

Abra janelas entre os silos. Um problema que sempre ouço é que departamentos e unidades se fecham em silos difíceis de reorganizar. Uma abordagem que vi funcionar em empresas é não visar a destruição total dos silos. Em vez disso, abra "janelas" de dados e comunicação entre eles para possibilitar às pessoas *verem* umas às outras e trabalharem juntas a partir desses silos. O segredo é saber onde e com que tamanho criar essas janelas para que possam suportar um objetivo de negócios específico. Por exemplo, uma organização business-to-business conectou os departamentos de marketing e de vendas ligando dados de engajamento em mídias sociais das campanhas de marketing aos perfis dos clientes usados pelo setor de vendas. Com essa "janela de dados" definida, as equipes de marketing e vendas baseadas em contas colaboraram para criar conteúdo de marketing customizado para cada cliente, com base em onde ele se encontrava no ciclo de vendas.

Reflita sobre como o trabalho é realizado em espaços físicos e digitais. Quando o ING Netherlands fez com que sua sede adotasse um modelo organizacional ágil, todos participaram de um lançamento em um estádio próximo e voltaram no outro dia útil para um espaço de trabalho reformulado, criado para propiciar a formação de equipes multidisciplinares ágeis. Use o espaço de trabalho físico para criar as relações que deseja — de pontos de "colisão" informais à ausência de escritórios — e estimular abertura e acesso. Examine como a colaboração digital está (ou não) ocorrendo, e planeje espaços de trabalho digitais que possam apoiar novos relacionamentos de trabalho com pouco atrito. Por exemplo, crie um espaço de colaboração em que marketing, vendas e operações de serviço se conectem regularmente com desenvolvimento de produtos a fim de compartilhar feedback do cliente de linha de frente.

Incorpore a flexibilidade a fim de minimizar a reestruturação disruptiva. Considerando que mudanças são a norma quando se busca uma estratégia de crescimento disruptiva, você deve prever onde a flexibilidade é necessária em sua estrutura e integrá-la. Por exemplo, com a rápida mudança na tecnologia, o departamento de TI precisa centralizar know-how para novas tecnologias, como a IA, mas também prever que, à medida que amadurece, ele precisa migrar e se desenvolver nas unidades de negócios. Da mesma forma, enquanto segmentos de clientes aumentam e diminuem, ser capaz de mover pessoas por diversos setores de forma entrosada torna-se uma vantagem competitiva.

PROCESSOS: O SANGUE DA ORGANIZAÇÃO

Processos — dos formais, como planejamento estratégico e contratação, aos informais, como cumprir protocolos e o modo como o feedback é dado e aceito — são o sangue que flui em sua organização. Se eles fluírem bem, você se sentirá forte, capaz de longas e difíceis caminhadas. Se os processos não funcionarem, você se sentirá como tendo uma distensão muscular — ainda poderá caminhar, mas com dificuldade. Bons processos oferecem clareza e certeza quanto à execução, eliminam dúvidas e permitem que você passe seu tempo focado em ser criativo e resolver problemas.

Contudo, bons processos se transformam rapidamente em maus quando são adotados para realizar novas tarefas criadas por uma estratégia de crescimento disruptivo. Quando os processos não são atualizados para acompanhar a evolução das mudanças no trabalho, ocorrem os desajustes.

Vamos analisar alguns processos formais e informais usados por organizações disruptivas a fim de ilustrar como eles as ajudam a se tornar mais orientadas aos clientes e também se mover mais depressa.

Aprovando Novas Iniciativas na Amazon

No início de cada projeto na Amazon, a equipe redige um *press release* de uma página sobre o futuro, descrevendo o problema que o produto ou serviço proposto solucionará, juntamente com seis páginas de FAQs que descrevem detalhes de como os clientes o usarão.[108] A equipe pode passar semanas criando e aperfeiçoando o *press release*, mas, ao final do exercício, ela apresenta uma explicação nítida e clara de como o projeto ajudará os clientes. Essa abordagem forma a infraestrutura de inovação da Amazon — cada proposta para um novo produto ou serviço segue esse formato. Ela integra o princípio de liderança "seja aficionado pelo cliente" ao processo de inovação, iniciando com a experiência do cliente final e trabalhando no sentido inverso para o dia de hoje.

O Processo Global para Impulsionar a Inovação na Huawei

Um dos melhores exemplos de uma transformação disruptiva impulsionada por um processo é a Huawei, a gigante chinesa da internet e das telecomunicações fundada em 1987 por Ren Zhengfei, um ex-engenheiro militar.[109] A empresa avançou de seu humilde começo fabricando aparelhos de PBX para se tornar a maior companhia de internet e telecomunicações do mundo, com faturamento de US$108,5 bilhões em 2018.[110] A Huawei é a segunda maior fabricante de celulares (atrás da Samsung e à frente da Apple) e tem visto um crescimento da receita média composta de 21% desde 2007. Isso é um crescimento médio de 21% em 11 anos.[111]

Com operações em mais de 170 países e 180 mil funcionários em 161 países, a Huawei é extensa e diversificada. No entanto, descobri que ela é ágil. Atribuo grande parte de seu crescimento nos últimos 11 anos a sua cultura, à crença básica e ao cumprimento do processo. Por exemplo, a Huawei tem 80 mil funcionários trabalhando em algum tipo de pesquisa e desenvolvimento em seus 14 centros de inovação ao redor do mundo. "O gerenciamento de P&D é centralizado para que conheçamos as exigências de diferentes mercados", explicou Joy Tan, presidente de mídia global e telecomunicações da empresa.[112] "Podemos então priorizar as exigências que se aplicarão à maioria dos mercados." Cientistas e engenheiros que viajam entre os centros de inovação da companhia encontram os mesmos protocolos em todos, facilitando a tarefa de mover, trabalhar e compartilhar pesquisas globalmente. Como resultado, o cliente pode se beneficiar quase imediatamente de algo que acontece do outro lado do mundo.

Do Processo de Planejamento Estratégico Anual a Trimestral na Voicea

Na maioria das organizações, o processo de planejamento estratégico ocorre em um ciclo anual fixo. O resultado é um ponto de vista único sobre o futuro — por exemplo, que tantos milhões de clientes terão smartphones ou que o aprendizado de máquina e a Internet das Coisas iniciarão em um determinado ritmo. O plano estratégico resultante é o que a organização deverá fazer se *todas* essas suposições forem verdadeiras.

Inevitavelmente, acontecem coisas engraçadas no caminho: essas suposições não se concretizam ou seu ritmo se acelera ou reduz. Apesar de dispor de melhores informações para alimentar e melhorar sua suposição sobre como o mundo será no futuro, você não pode mudar seu plano estratégico, porque ele está "pronto para ser usado" no ano seguinte. Essa estratégia frágil não leva em consideração que o futuro pode ser radicalmente diferente do que o previsto. Ela também falha em desenvolver a capacidade de mudar o curso rapidamente no caso de mudança na suposição.

Acredito que todas as empresas deveriam adotar revisões trimestrais, não anuais, procurando mudanças no cenário e no horizonte. Então, seus líderes deveriam reexaminar as suposições básicas que impulsionam a estratégia e fazer as mudanças necessárias. A Voicea, uma plataforma de colaboração de voz, é uma das startups de rápido crescimento que trabalha assim. Seu fundador, Omar Tawakol, um empreendedor veterano que vendeu a empresa anterior, a BlueKai, para a Oracle, explica: "Se você estiver experimentando uma inflexão de 10X a cada quatro ou cinco meses, não tem sentido preparar uma estratégia anual. A dinâmica muda muito depressa."[113]

Na nona semana de cada trimestre, Tawakol começa o planejamento estratégico, enviando a sua equipe de liderança suas considerações sobre as prioridades dos clientes e a mudança do ecossistema circundante. Nas quatro semanas seguintes, esses líderes realizam uma revisão de baixo para cima e compartilham informações com todos por meio de plataformas de colaboração digital, atualizando cenários e métricas e reduzindo opções. A liderança participa de uma reunião de um dia fora da empresa para assegurar alinhamento entre todas as suas prioridades. Os resultados são então apresentados em uma reunião trimestral de lançamento com a empresa.

Ao rever os planos estratégicos trimestrais, Tawakol mostrou que a estratégia mudou entre T2 e T3 em 2018, pois ficaram mais confiantes de que seu produto era forte o bastante para impulsionar assinaturas virais. Desse modo, eles tornaram a viralização uma prioridade estratégica e uma métrica-chave a ser rastreada. "Ainda estamos no modo em que tentamos manter uma visão de longo prazo na estratégia", explicou Tawakol. "Mas estamos dispostos a reconsiderar que a ênfase seja a cada trimestre."

Se seu setor parece estagnado, isso pode soar exagerado. Todavia, o fato de você e seus concorrentes não estarem mudando não significa que seus clientes e seu ecossistema estejam estagnados. O processo de planejamento estratégico trimestral torna-se uma forma de integrar profundamente a compreensão sobre o futuro cliente a um dos processos centrais da organização.

Redefinindo o Sucesso e o Fracasso no Processo de Revisão de Investimentos na Schibsted

O processo de investimento — e, por associação, de desenvolvimento de produtos — em empresas que defendem o *status quo* é projetado para minimizar riscos e impulsionar otimizações incrementais. Acho que as organizações, mesmo quando se comprometem a transformar e ser disruptivas, investem muito dinheiro em iniciativas mal projetadas e executadas.

Uma empresa com que trabalhei tinha 15 iniciativas importantes, todas com cronograma de execução de 18 a 24 meses. Compare-a com uma startup que luta para progredir e só tem condições de focar e fazer bem uma coisa. Quando seus recursos são limitados como os dela, você aperfeiçoa as habilidades de planejar e executar iniciativas, mas também de derrubá-las.

Embora a maior parte das empresas disponha de um processo de avaliação com marcos específicos, não tem disciplina para atingi-los. Elas sempre encontram circunstâncias atenuantes a que culpar — por exemplo, não havia recursos. Qualquer que seja a desculpa, o resultado é o mesmo: a organização continua a investir recursos e talentos valiosos em uma iniciativa desajeitada porque é mais fácil fazer isso do que pagar o preço político de barrar o projeto preferido de alguém. Por trás dessa incapacidade de abandonar um projeto está o estigma associado ao fracasso. Examinar como definições de sucesso e fracasso travam o processo de tomada de decisões em relação a seus investimentos e desinvestimentos é crucial.

Essa foi a situação na qual o conglomerado de mídia Schibsted se encontrou no início dos anos 2000, quando a organização estava ingressando no espaço de classificados online. No passado, fechar uma iniciativa era visto como o fracasso de um gerente ou uma divisão, então os executivos se esforçavam para manter seus esforços vacilantes em atividade. A mudança desse mindset na Schibsted ocorreu quando a explosão da bolha das pontocom trouxe com ela um senso renovado para gerir investimentos.[114]

Em um caso, apesar de ter feito um investimento significativo em classificados online em Portugal, a forte concorrência local, apoiada pela Naspers, um grupo de tecnologia sul-africano, indicou que a Schibsted enfrentaria uma batalha longa. Em vez disso, ela decidiu redistribuir os recursos em outros mercados. Contudo, a liderança deixou claro que essa decisão fora tomada devido a forças do mercado, não por causa de uma falha por parte da liderança portuguesa ou da organização. "Todos esses fatos nos proporcionaram um modo de institucionalizar a eliminação de preferências pessoais quando necessário", lembrou Sverre Munck, ex-diretor de estratégia. "Levamos quase dez anos para mudar esse mindset. Poderíamos tê-lo feito muito antes se tivéssemos mais consciência do quanto isso era importante para nosso sucesso."

Protocolos de Reuniões Informais Criam Expectativas Claras no Google

Processos formais também podem se tornar hábitos de equipes e indivíduos. Pense em como as reuniões funcionam no Google.[115] Elas começam no horário e terminam cedo para que as pessoas possam chegar nas próximas reuniões a tempo. Quando se sentam à mesa de reuniões, ocorre algo curioso: todos deixam os notebooks e celulares *de lado*. Apenas uma pessoa toma notas, que depois são disponibilizadas a todos para serem revisadas.

Todos os presentes focam a discussão sem realizar tarefas diferentes, como enviar e-mails. E há um relógio marcando o tempo.

Quando a reunião se aproxima do fim, as pessoas que usarão a sala em seguida se reúnem no corredor e entram na hora marcada, iniciando sua reunião mesmo que as pessoas da reunião anterior ainda estejam presentes! O Google é um empreendimento com quase 100 mil funcionários que está se expandindo internacionalmente. Dispor de um processo consistente e familiar para as reuniões cria uma rede para as pessoas de todos os pontos da organização trabalharem juntas.

Unir Processos Formais e Informais para Impulsionar Alinhamento Estratégico na Intermountain Healthcare

A Intermountain Healthcare, em Utah, adota um processo que garante alinhamento diário em relação a metas estratégicas com seus 39 mil funcionários. Dan Liljenquist, vice-presidente sênior e diretor de estratégia, disse: "Formamos grupos todos os dias que levantam questões que estamos tentando observar."[116]

Esses grupos realizam reuniões rápidas que focam os cinco fundamentos de atendimento da organização: segurança, qualidade, experiência com o paciente, acesso e gestão. Elas podem ocorrer em ambientes informais, de um posto de enfermagem em um andar do hospital ao consultório de um médico. "Usamos as oportunidades para propiciar mais clareza e receber feedback todos os dias", explica Liljenquist. "Nós nos comunicamos em todos os níveis hierárquicos com milhares de pequenas reuniões que resultam em um único fluxo de informação bidirecional para facilitar o contato."

O processo de microrreuniões da Intermountain Healthcare é a união de um processo formal e informal suficiente apenas para garantir que haja um fluxo contínuo de informações; não é uma plataforma de tecnologia. "Temos feito isso há três anos", explicou Liljenquist, "o que nos deu a consciência da situação e permitiu tentar fazer algumas apostas mais altas".

Como Elaborar Processos Disruptivos

É um grande dilema: por um lado, você precisa de processos claros e consistentes para garantir que todos estejam alinhados sem inibir o pensamento e os comportamentos disruptivos. Do outro, você precisa que esses processos mudem com frequência para refletir como o trabalho realizado está mudando. Parece uma tarefa impossível, mas não é se aceitar a mudança como norma: processos sempre estarão em desenvolvimento. Aqui estão alguns meios de começar a identificar e implementar processos tranquilos para o seu sistema operacional de cultura disruptiva:

Demonstre os benefícios dos processos desde o início. Falar da necessidade de ordem às pessoas não funcionará; você terá que explicar por que os processos apoiarão sua transformação disruptiva. Os processos geram dois benefícios significativos: sua organização criará produtos e serviços melhores para seus clientes e atrairá pessoas de alto desempenho. Encontrar um meio de demonstrar como aderir ao processo pode fazer as coisas avançarem mais depressa em vez de retardá-las. Um exemplo é conduzir reuniões melhores: começar na hora com pautas, responsabilidades e resultados claros. Planejar reuniões ótimas toma tempo, mas, se elas gerarem resultados melhores e mais rápidos, todos verão os benefícios e (espero!) imitarão esse comportamento.

Esclareça o que está aberto à mudança — e o que não está. No início da história do Facebook, o lema "Mova-se rápido e quebre coisas" fazia muito sentido. Contudo, à medida que a empresa crescia, ele se transformou em: "Mova-se rápido com uma infraestrutura estável."[117] Pode não ser tão inspirador, mas o Facebook tinha que lidar com a realidade de que algumas coisas simplesmente não são quebráveis. Procure situações na organização em que sua equipe desacelera por estar insegura de ter permissão para mudar o modo de trabalhar. Torne essas áreas prioridade máxima para estabelecer processos e clareza.

Associe-se a líderes disciplinados. Se você estiver mais inclinado a ser um visionário ágil do que um operador consistente, encontre pessoas disciplinadas, metódicas e estruturadas para serem seus assistentes ou mentores. Observe seus comportamentos e hábitos e ache meios de incorporá-los as suas práticas de liderança. Em especial, note como elas usam ferramentas como dashboards e scorecards para identificar sinais precoces de advertência de processos que não estão funcionando bem.

Crie responsabilidade por altos padrões. Ao esclarecer o "que é bom", você define os parâmetros do ótimo desempenho. Um dos princípios de liderança da Amazon é "insista nos altos padrões".[118] Ela segue esse princípio ao adotar uma série de acordos para tudo, de entrega a desempenho individual. Contudo, ter padrões não basta; você precisa de coragem para suportar as consequências se eles não forem atingidos. Consistência é tudo quando se trata de implantar um processo.

TRADIÇÃO: A ALMA DA ORGANIZAÇÃO

Se a estrutura é a coluna e o processo é o sangue da cultura, a tradição é a alma. Rituais, símbolos e histórias conectam e lembram a todos — de executivos e funcionários a parceiros e clientes — o que é importante e valorizado. A tradição cria vínculos e confiança por meio da repetição de experiências que têm um significado compartilhado. É contar e recontar a tradição — sua repetição e consistência — que cria a cultura.

Alinhar a tradição da organização com os objetivos e valores da estratégia de crescimento disruptivo pode ajudar a criar e sustentar uma cultura de fluxo. Com a mesma facilidade, a tradição pode se cristalizar em crenças indesejáveis e se materializar na forma de comportamentos negativos. Por exemplo, uma organização seguia o ritual de oferecer o prêmio de "funcionário do mês" a fim de estimular uma competição amigável entre os membros da equipe. Todavia, logo ficou claro que o prêmio ia para a pessoa que conversava mais com os principais executivos. Falsidade e fofocas se tornaram mais frequentes à medida que os funcionários tentavam prejudicar a imagem dos colegas a fim de tirá-los da competição. Da mesma forma, histórias inspiradoras de "guerreiros da estrada" que viajam 20 dias no mês ou trabalham 80 horas por semana podem criar expectativas de que o tempo excessivo passado no trabalho é mais valorizado que os resultados.

Se quiser criar uma transformação disruptiva, precisa entender a tradição da empresa e quais de seus elementos — rituais, símbolos e histórias — estão sufocando sua cultura. Em seguida, substitua-os, sistemática e intencionalmente, por novos rituais, símbolos e histórias de heróis.

Rituais

Rituais são uma série de atos que fazemos em situações ou momentos específicos. Por exemplo, fãs do time de futebol da Universidade do Alabama se cumprimentam com o grito "Roll Tide!" ["Vamos em Frente!", em tradução livre]. Uma divisão inicia todas as reuniões trimestrais convidando os funcionários a contar o que os entusiasma no trabalho. Ou uma empresa faz um coquetel sempre que cumpre o prazo de entrega de um produto.

A experiência do ritual desenvolve o compartilhamento da identidade, cria um senso de envolvimento e confiança na tribo e, desse modo, reduz o estresse e a ansiedade, e estimula a energia e a emoção nos participantes. O ritual se torna um componente vital da mudança disruptiva porque alivia parte da imprevisibilidade e cria vínculos e uma sensação de integração.

Um dos melhores exemplos do papel dos rituais é o *haka*, uma dança de guerra Maori que o time de rúgbi neozelandês executa antes das partidas.[119] Pesquisas mostram que, além de servir como veículo para os jogadores expressarem o orgulho do time e da herança cultural, o *haka* desperta uma sensação de fluxo, reduzindo a ansiedade dos jogadores e aumentando o foco.

A Southwest Airlines é outra organização que conta com rituais para reforçar os valores de Espírito Guerreiro, Coração de Servidor e, claro,

"Fun-LUVing Attitude" ["Atitude de Voar Se Divertindo", em tradução livre]. Festas de Ânimo, corridas Southwest e celebrações de aniversário reúnem os funcionários para comemorar e formar a cultura da empresa. O Halloween, por exemplo, é uma data *realmente* importante na Southwest Airlines, em que funcionários, dos encarregados das bagagens ao CEO, se fantasiam. Até o CEO Gary Kelly participa.[120] E rituais como o do encontro do CEO e do presidente com todos os novos pilotos transmitem o compromisso da empresa com a segurança e a experiência dos passageiros.[121]

Aqui estão alguns exemplos de como novos rituais mudaram as crenças e valores de uma organização:

- Quando Howard Schultz voltou à Starbucks como CEO, em 2008, sua prioridade foi fazer a empresa voltar a suas raízes: servir café de qualidade. Ele criou o novo ritual em que cada novo funcionário faz uma degustação dos cafés preferidos do gerente da loja. O gerente conta onde e como o café é plantado, como é preparado e por que gosta tanto dele. A experiência conecta o gerente e o novo funcionário não só aos valores essenciais da empresa, mas também um com o outro.[122]

- O LinkedIn trata de conectar e formar redes profissionais. Ele compreendeu que, muitas vezes, os pais são ignorados como fonte de apoio e orientação. Assim, ele patrocina o dia de "Traga os Seus Pais", um evento global da empresa destinado a agradecer pelo apoio que os pais têm dado aos funcionários do LinkedIn e para ajudá-los a entender o que os filhos fazem.[123] O evento é presencial e virtual, e tem o forte apoio de kits de ferramentas variadas para que cada equipe possa criar sua experiência única para os pais e funcionários.

- Jeff Stibel, ex-CEO da Dun & Bradstreet, reformulou a visão sobre falhas adotando um "mindset de crescimento" para encarar os erros como obstáculos temporários que revelam novos caminhos para o objetivo. Certa noite, ele voltou tranquilamente ao escritório e criou o "quadro dos insucessos", usando um marcador para registrar ali alguns de seus maiores erros para serem vistos por todos. As pessoas foram encorajadas a também anotar suas falhas mais significativas no quadro, incluir o que tinham aprendido e assinar o nome.[124] "Isso nos permitiu falar sobre erros", escreveu Stibel em um post de blog. "Isso nos deu uma forma fácil de propor uma ideia arriscada: 'Isso pode ir parar no quadro de insucessos, mas e se nós…'"

Que tipo de ritual você pode criar em sua organização para conectar as pessoas umas às outras e ao objetivo que compartilham? Quanto mais original, específico e francamente bizarro, melhor. É o poder do aperto de mão secreto para criar e sustentar um vínculo e criar uma sensação de pertencimento. Mas também pode ser tão simples quanto levar café e rosquinhas uma vez por semana e socializar. O segredo está na participação de todos, com consistência. É a experiência real do ritual que cria significado.

Símbolos

Os símbolos são como sentinelas silenciosas que nos lembram das crenças em comum. Um de meus exemplos preferidos vem da Oxo, a conhecida fabricante de utensílios domésticos. A esposa de Sam Farber, o fundador, que sofre de artrite, estava tendo dificuldade em descascar batatas, então ele projetou um descascador melhor. Depois ele fundou a Oxo, que se dedica a criar produtos inovadores que facilitam o cotidiano. Em uma parede da lanchonete na matriz da empresa em Nova York pendem mais de 100 luvas perdidas encontradas pelos funcionários em toda a cidade (veja a Figura 6.5).[125] O Quadro das Luvas está ali para lembrar aos funcionários que se deve ter empatia pelos diferentes tipos de mãos que usarão seus produtos.

De modo semelhante, novos funcionários da divisão de aprendizado online da SNHU assinam a declaração de missão colocada em uma parede perto de sua escrivaninha (veja a Figura 6.6). Várias vezes por dia, eles passam pelo quadro e seu olhar é atraído para sua assinatura. Ele serve como símbolo e lembrete de seu compromisso pessoal com a missão.

Fig. 6.5 O Quadro das Luvas da Oxo

Fonte: Oxo

E, na Amazon, Jeff Bezos nomeou o edifício da matriz de "Day 1" [Dia 1], que vem de sua primeira carta aos acionistas, quando declarou que continuaria inovadora e relevante para os clientes, vivendo cada dia como se fosse o Dia 1 da internet (veja a Figura 6.7).[126] Quando os funcionários veem o letreiro do edifício, todas as manhãs, lembram-se de viver o Dia 1 naquele dia.

Nem todos os símbolos são manifestações físicas. Quando a Electrolux, a fabricante sueca de eletrodomésticos, embarcou em uma transformação digital que devolveu o foco da empresa aos clientes, teve que repensar a jornada do cliente para uma categoria de produto em que o tempo entre compras é medido em anos, até décadas. Ao focar como o aparelho tinha sido usado ao longo dos anos, a empresa começou a pensar na experiência do cliente a partir de uma perspectiva diferente e criou um símbolo (veja a Figura 6.8) que a resumia. Esse símbolo começou a aparecer em todos os documentos internos e em seus modelos de apresentação. Ele aparece com frequência em sessões de treinamento destinadas a criar uma cultura de inovação da experiência entre os maiores inovadores na empresa.[127]

Fig. 6.6 **A Missão da SNHU com Assinaturas de Funcionários**

Fonte: SNHU

Fig. 6.7 **Entrada do Edifício de Escritórios Day 1 da Amazon**

Fonte: GeekWire/Kurt Schlosser

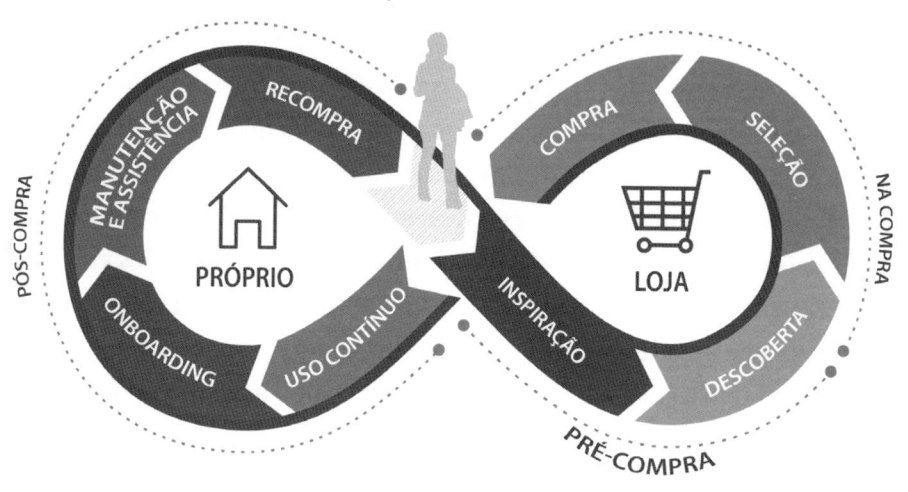

Fig. 6.8 Símbolo da Electrolux para a Jornada do Cliente

[Diagrama em forma de infinito mostrando a Jornada do Cliente com as fases: PRÓPRIO (manutenção e assistência, recompra, onboarding, uso contínuo) e LOJA (compra, seleção, descoberta, inspiração), divididas em PÓS-COMPRA, NA COMPRA e PRÉ-COMPRA.]

Fonte: Electrolux

Histórias

Histórias são um poderoso agente de mudança porque são fáceis de contar, compartilhar e lembrar. Elas também podem mudar percepções e criar energia enquanto atraem nossas emoções. E histórias não são antagônicas e não obedecem a hierarquias; elas podem vir de qualquer lugar.

Naturalmente, apenas contar uma história sobre o futuro não é suficiente para moldar a cultura organizacional. Como dispositivo retórico, pode ser descartado com facilidade. Histórias em uma "burning platform" [plataforma em chamas, em tradução livre] podem galvanizar a ação no momento, mas geram reações inerentemente negativas: depois que o medo passa, o impulso para mudança se dissipa com ele.[128] Além disso, histórias do passado podem involuntariamente nos manter lá.

O tipo mais poderoso de história para moldar a cultura organizacional é o que chamo de história do "trampolim do herói". Ela apresenta um único protagonista que supera um problema para alcançar a vitória. Nessas histórias, os ouvintes podem se ver como heróis nas próprias narrativas. Elas agem como um trampolim, enquanto os ouvintes começam a imaginar como o futuro poderia ser se agissem de modo semelhante ao herói da história.

A Huawei é uma organização que usa histórias. Conheci melhor a Huawei nos últimos anos, o que incluiu uma visita a sua matriz, em Shenzhen. Antes de tudo, ela é uma empresa focada em ultrapassar limites para atender aos clientes. São muitas as histórias de heróis que reforçam esse mindset: o engenheiro que transportou equipamentos de telecomunicações em uma mula em estradas de terra no Uzbequistão; o funcionário que esperou do lado de fora de um escritório durante três dias para conseguir uma reunião com o gerente; mesmo seu fundador, Ren Zhengfei, pegando táxis em vez de carros particulares para mostrar humildade.

> "Para mudar algo, crie um novo modelo que torne o modelo existente obsoleto."
>
> — R. Buckminster Fuller, arquiteto e designer de domos geodésicos

Uma das melhores histórias que ouvi foi sobre um gerente de contas que tinha sido ultrapassado pela concorrência a ponto de sentir que baixar mais os preços comprometeria a solução. Ele procurou o cliente, desculpou-se por não poder atender às exigências de preço e explicou que a Huawei nunca faria algo que prejudicasse o cliente. Certo de que tinha perdido o negócio, ele partiu, desalentado. No dia seguinte, o cliente ligou para fechar o negócio. Essa história, contada e recontada, reforça que a Huawei coloca os clientes em primeiro lugar, mesmo que represente um revés financeiro.

Essas histórias de heróis têm o mesmo objetivo: lembrar aos muitos e diferentes membros da Huawei seu papel pessoal em viver os valores essenciais da companhia. Seu poder não está na história em si, mas no fato de inspirar comportamentos. Como histórias de heróis podem vir de qualquer pessoa na organização — sucessos de clientes, superação de obstáculos por parte de funcionários, soluções engenhosas que surgem da necessidade —, elas são uma prova de como todos no ecossistema da organização podem participar da criação de sua tradição.

Usando a Tradição para Criar Culturas de Fluxo

A tradição funciona muito bem se estiver alinhada com sua estratégia disruptiva e os outros dois elementos da cultura. Mas falha quando se torna a defesa do *status quo*, para justificar o apego ao passado. Em especial, histórias que glorificam crenças antigas, como priorizar um grupo de clientes, impedem a busca por novos. Certa vez, trabalhei com uma empresa em que 70% dos negócios vinham de grandes clientes, e todas as histórias de heróis focavam o trabalho feito para alguns clientes selecionados em um passado distante. Esse mindset deixava pouco espaço para as novas histórias e para a busca por novas oportunidades. Em tais circunstâncias, as organizações devem sistemática e intencionalmente criar e disseminar uma nova tradição que substitua as histórias ultrapassadas.

Muitas vezes, vejo organizações se mobilizando muito depressa para criar rituais, símbolos e histórias. A decisão do CEO de mudar a cultura resulta na criação de muitos pôsteres, memorandos e workshops de um dia. Isso é o que chamo de "teatro da inovação", onde representamos fazer uma mudança disruptiva, mas pouca coisa acontece. Poupe sua organização dessa situação absurda e foque a criação de uma tradição significativa.

Para mudar a tradição, você precisa conhecê-la: os aspectos bons, ruins e horríveis. Ao classificar rituais, símbolos e histórias existentes, você pode identificar quais se alinham com as novas crenças de sua estratégia disruptiva e quais devem ser substituídos por novos. Aqui estão algumas formas de conduzir uma "auditoria da tradição":

Convide novos funcionários para almoçar. No primeiro mês no emprego, pergunte-lhes como tem sido sua experiência. O que consideram surpreendente na organização? Que regras tácitas encontraram? Quais fazem sentido? Quais não correspondem a suas expectativas? Esse novo olhar é valioso para fornecer feedback sobre a real cultura da empresa.

Revele rituais de iniciação e saída. Pergunte aos gerentes da linha de frente como contratam e recebem novos funcionários e como se despedem de quem está deixando a organização. Trabalhei com um executivo que ficou horrorizado ao saber que uma equipe seguia um ritual de iniciação que era quase assédio; ele foi rapidamente substituído por um novo.

Peça para um amigo visitar seus escritórios. Peça a essa pessoa que anote os símbolos que suportam ou contradizem o fluxo de princípios que você deseja. Existem escritórios de canto sofisticados e estacionamentos privativos? Ou os corredores estão repletos de prêmios de reconhecimento de heróis antes não celebrados que se destacaram?

Classifique suas histórias de heróis. Que histórias são contadas várias vezes? Em que contexto são contadas e que valores reforçam? Procure nas origens da empresa histórias de seus fundadores que não são contadas atualmente e que você pode usar para ilustrar um princípio de fluxo.

Contrate um antropólogo. Antropólogos são especialistas em identificar e compreender a tradição de uma cultura. Eles sabem que perguntas fazer e com que pessoas conversar para descobrir histórias ocultas. Mais importante, têm a vantagem de observar sua cultura com um olhar novo.

Quando tiver uma boa compreensão de sua cultura vigente, você pode relacionar problemas ou crenças de negócios específicos que deseja tratar com a tradição. Estruture o problema ou o desafio como uma pergunta: como um ritual pode criar um maior senso de liberdade? Como pode um símbolo nos lembrar da abertura? Como pode uma história levar a agir mais depressa? Não se preocupe em acertar; mantenha suas opções em aberto, faça brainstorming e teste sua nova tradição para ver se ela é aceita. Aqui estão algumas melhores práticas para ajudá-lo a desenvolver uma ótima tradição que apoie uma cultura disruptiva:

Seja disciplinado ao criar uma tradição. Para ser eficiente, a tradição precisa ocorrer com credibilidade total. Se você começar um novo ritual, comprometa-se a fazê-lo sempre que esperado. Não se incomode em repetir a mesma história várias vezes. Seja previsível e conecte continuamente a tradição a uma necessidade de negócios específica.

Programe uma hora para contar histórias. Crie espaço, mesmo que pequeno, para as pessoas contarem suas histórias. Quando eu gerenciava a Altimeter, começava as reuniões convidando as pessoas a contar que papel os valores de nossa empresa tinham desempenhado em suas vidas na semana anterior. Contar essas histórias nos permitia dar uma olhada no mundo de cada um, ao mesmo tempo em que mostrava como vivíamos nossos valores. A hora de contar histórias pode ser integrada a cerimônias de reconhecimento e despedida, reuniões de pessoal e de comunicação semanal. O segredo está em integrá-la ao ritmo da organização para que as pessoas se reúnam com regularidade e contem histórias que são importantes para elas.

AVANÇANDO

Recue um pouco e pense no que você está tentando realizar com seu sistema operacional disruptivo. Mantenha os futuros clientes perto de você e conecte esse foco e intenção diretamente a todo trabalho na organização. Quanto mais você conseguir aproximar os membros de sua equipe dos clientes com sua estrutura, processo e tradição, mais depressa você mudará e avançará para encontrar seus futuros clientes ao longo de sua jornada.

Às vezes, você terá a impressão de que está recuando ou desacelerando ao criar ou reformular o sistema operacional de sua cultura de fluxo. Seja paciente! E saiba que o tempo e o investimento despendidos agora serão altamente recompensados no futuro, resultando em uma organização resiliente diante da mudança e que prospera com a disrupção, em vez de se desgastar com ela.

CONCLUSÕES

- Uma das maiores contradições em uma estratégia de transformação disruptiva é o fato de se precisar da base estável de um sistema operacional cultural que sirva de trampolim para a disrupção. Em um mundo de rápidas mudanças, as pessoas precisam saber o que *não* mudará para correr grandes riscos.

- Modelos operacionais disruptivos consistem em estrutura, processos e tradição organizacionais sintonizados de modo a apoiar as capacidades — abertura, liberdade e ação — necessárias à empresa para progredir em um cenário de disrupção.

- Mudar a cultura exige apenas um fator: trabalhar de modo distinto. Seja ponderado ao escolher o que fará de um jeito diferente para poder construir a nova cultura que deseja.

"Não serão os mais fortes ou inteligentes que sobreviverão, mas os que melhor conduzirem a mudança."

— Leon C. Megginson, professor da Universidade do Estado da Luisiana (atribuída equivocadamente a Charles Darwin)[129]

CONCLUSÃO

EM SETEMBRO DE 2011, Eric Schmidt, ex-CEO do Google, juntou-se a Larry Page, o novo CEO, no palco da conferência Zeitgeist da empresa. No final da palestra, perguntaram a eles qual era a maior ameaça ao sucesso contínuo do Google. Page simplesmente respondeu: "Google". Schmidt acrescentou um comentário interessante: "Grandes companhias são seus maiores inimigos porque, internamente, elas sabem o que deveriam fazer, mas não o fazem. O que o Larry faz o dia todo? Ele está lá estimulando discussões, forçando escolhas e pressionando uma resolução que acabará por definir o quanto o Google é bem-sucedido ou não."[130]

Tanto Page quanto Schmidt reconhecem que a força atrativa da escala e da incumbência também se aplica ao Google. Eles sabem que o trabalho de um disruptor nunca está completo, que o caminho não é fácil e que é necessário um líder determinado e disruptivo para as empresas avançarem.

A dura realidade é que a maioria das organizações que tenta uma transformação disruptiva não terá êxito, e, se tiver, acabará logo. As poucas que são bem-sucedidas compreendem que a disrupção, a liderança e a cultura não são soluções de curto prazo para um problema; ela se torna um modo de vida que você e sua organização apreciam e pelo qual prosperam.

Há uma empresa que começou como uma startup disruptiva e, 48 anos depois, apesar de hoje ser líder no setor, continua fiel a uma estratégia inspirada pelos futuros clientes, energizada pela liderança que cria um movimento de disruptores e sustentada por uma cultura que prospera com a mudança: a Southwest Airlines.[131]

COMO A SOUTHWEST AIRLINES SUSTENTA SEU ESPÍRITO DISRUPTIVO

A Southwest Airlines é famosa pela disrupção no setor da aviação. Fundada em 1971, a empresa começou voando entre Dallas, Houston e San Antonio com apenas um tipo de aeronave (o Boeing 737), usando um modelo ponto a ponto em vez do hub-and-spoke (voos distribuídos por grandes centros). A Southwest manteve os custos baixos com a oferta de poucas regalias e a maximização de uso dos aviões com rápido turnaround (tempo de atividades entre pouso e próxima decolagem) nos aeroportos. A empresa segue essa estratégia de crescimento disruptivo desde a fundação e tem tido um sucesso incrível. Ela adquiriu três companhias aéreas, mais recentemente a AirTran, em 2010, e expandiu suas operações para destinos no Caribe, América Central, Havaí e México nos últimos anos. Hoje, transporta mais passageiros domésticos que qualquer outra companhia norte-americana,[132] enquanto detém o menor número de reclamações de clientes registradas pelo Departamento de Transporte dos EUA.[133]

Ainda mais surpreendente é o fato de que a Southwest Airlines é lucrativa há 46 anos *consecutivos* em um setor famoso pela volatilidade, fusões e fracassos (veja Figura 7.1).[134] Este não é um erro tipográfico: 46 anos de lucro operacional consecutivo, contínuo de 1973 a 2018.[135] Esse crescimento lucrativo permite à Southwest se superar quando se trata de explorar novas rotas de crescimento, um volante disruptivo invejado pelo setor da aviação. A Southwest continuamente promove sua disrupção. Mudanças que parecem ser incrementais ou rotineiras na empresa seriam consideradas iniciativas altamente disruptivas em outras empresas aéreas e organizações.

CONCLUSÃO

Fig. 7.1 **Margem de Lucro Operacional da Southwest Airlines, Comparada à da Worldwide Airlines, 1973-2018**

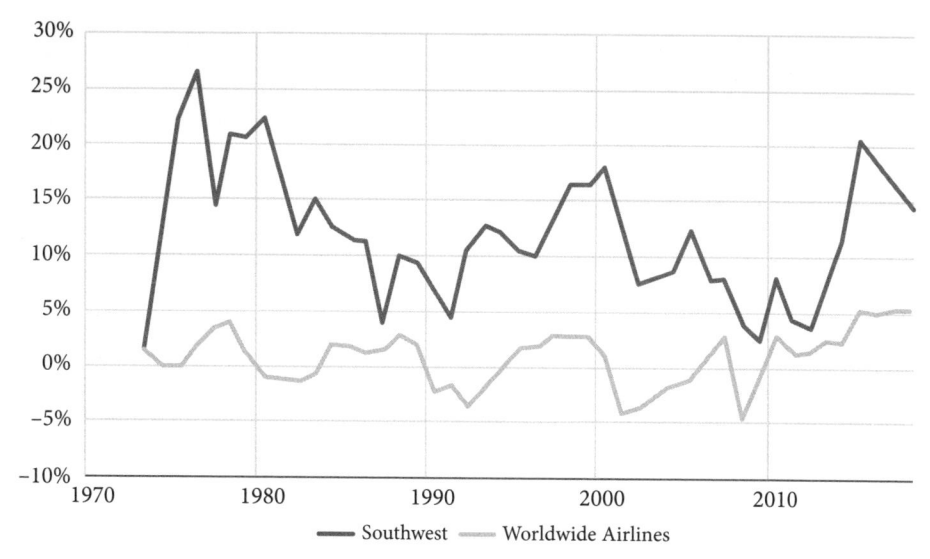

Fonte: IATA, ICAO e Southwest Airlines

Em uma entrevista, Tom Nealon, presidente da Southwest Airlines, atribuiu o sucesso da companhia à união da estratégia e da cultura.[136] Você vê essa dualidade refletida nos valores da empresa na Figura 7.2. A estratégia reflete um comprometimento total em ser uma companhia aérea amigável de baixo custo. Por exemplo, a Southwest Airlines permite que duas malas "voem de graça", enquanto outras companhias cobram por todas as bagagens despachadas. A cada trimestre, analistas de Wall Street se queixam de que a empresa está deixando de ganhar dinheiro, mas os executivos insistem com firmeza que mudar a política de "bagagem voando de graça" seria um anátema para a estratégia de baixo custo da empresa. "Poderíamos gerar uma receita de centenas de milhões de dólares fazendo isso", calculou Nealon. "Acho que seria absolutamente a pior coisa que poderíamos fazer para a marca, pois estaríamos renegando o que prometemos."

Fig. 7.2 **Os Valores da Southwest Airlines Refletem a Relação entre a Cultura e a Estratégia**

VALORES				
Viva do Jeito Southwest			**Trabalhe do Jeito Southwest**	
Espírito Guerreiro	• Lute para ser o melhor • Mostre um senso de urgência • Nunca desista	Trabalhe com Segurança	• Siga os procedimentos operacionais • Identifique e relate os riscos • Respeite e obedeça aos regulamentos
Coração de Servidor	• Siga a Regra de Ouro • Trate as pessoas com respeito • Acolha nossa família Southwest	Impressione os Clientes	• Seja altamente acolhedor • Crie conexões memoráveis • Seja conhecido pela gentileza
Atitude de Voar Se Divertindo	• Seja um membro de equipe entusiasmado • Não se leve muito a sério • Comemore os sucessos	Mantenha os Custos Baixos	• Venha e trabalhe duro • Proteja nossa participação nos lucros • Ache um jeito melhor

Fonte: Southwest Airlines

Nealon reconheceu que seria fácil para a empresa ficar satisfeita com os sucessos do passado. "Ser um disruptor em uma organização tão bem-sucedida por tanto tempo é um desafio", explicou ele. "Por que você mudaria o que está funcionando?" A Southwest acredita em desafiar suposições antigas porque é isso que o cliente espera. Ao decidir o que mudará ou não, eles são guiados por certas diretrizes. "Há muitas coisas que se poderia considerar essenciais à Southwest e que discutiremos se acharmos necessário", contou Nealon. "Mas não desafiaremos elementos fundamentais que cercam nossa cultura e o que esperamos de nossos líderes."

Qualquer pessoa que já voou pela Southwest Airlines vivenciou a natureza peculiar e independente de seu pessoal e seu espírito. "Muitas companhias aéreas tentaram copiar o modelo de negócios da Southwest", observou Nealong. "Mas a cultura é o elemento mais orgânico e difícil de formar. Somos realmente protetores em relação a ela e realmente cuidadosos em sustentá-la."

Passei muitos dias na sede da empresa em Dallas e as paredes de todos os corredores e salas de conferências estão cobertas com fotos e recordações. O legado da companhia está todo a sua volta, em cada canto do edifício.

Essa cultura permeia cada aspecto da organização graças ao Comitê de Cultura, criado por Colleen Barrett, presidente emérita da Southwest Airlines, em 1990. Barrett deixou claro que o objetivo do comitê não era manter a cultura do mesmo jeito, mas, sim, identificar o melhor meio de fazê-la avançar enquanto seus princípios essenciais continuam intactos. Alguns anos atrás, ela disse: "Uma coisa que deveríamos abandonar é a frase 'Não é a mesma antiga Southwest'. É a Southwest que criamos... A antiga Southwest é a Southwest de 1971, a Southwest de 1981, e hoje é a Southwest de 2015. E ela é o que nós criamos."[137]

Na Southwest Airlines, a cultura cria um espaço seguro para que a mudança ocorra. De alguma forma, apesar de seu sucesso, ela ainda se sente uma empresa lutadora. "Mesmo sendo a companhia aérea número 1 dos Estados Unidos e a segunda maior do mundo, eu ainda a vejo como desfavorecida", confidenciou Nealon. Ele explicou que a empresa aérea batalha pelos clientes cidade por cidade e que agora, com a expansão internacional, está ingressando em território desconhecido.

Para Nealon, a cultura é essencial para o crescimento e o futuro da empresa. Recentemente, uma equipe propôs uma nova forma de embarcar e desembarcar os passageiros usando as portas dianteiras e traseiras. "Essa é uma ideia relativamente controversa, e a equipe que a apresentou teve que mostrar muita coragem", observou Nealon. Ele explicou que a Southwest Airlines realiza testes e experimentos de aprendizado constantemente para desafiar o senso comum. "Por que você desejaria desafiar aspectos como nossa plataforma de marca ou até assentos não reservados? A resposta é: porque não se pode ficar parado, você precisa continuar a melhorar. Enquanto ouvirmos os clientes dizerem que gostariam que pensássemos em mudar algumas coisas, faremos perguntas e decidiremos se é a coisa certa a fazer ou não."

— • —

Se quiser que sua organização tenha crescimento inovador sustentado durante décadas igual ao da Southwest Airlines, prepare-se e fique à vontade com a transformação disruptiva. Esta é a jornada que você decidiu para si mesmo, um caminho no qual você provavelmente estava destinado a percorrer. Como disruptor, não se pode evitar ver oportunidades onde outros só veem obstáculos. É seu destino mudar as coisas para melhor, atender ao chamado de se levantar e ser doido o bastante para acreditar que mudar é possível.

Desejo que este livro tenha servido como orientação de como evitar ser eliminado do mundo da disrupção e, em vez disso, prosperar. Desejo que você encontre colegas disruptores e que juntos atraíam força e alívio enquanto partem nessa jornada. E desejo que você tenha sucesso em criar a mudança exponencial de que as organizações, a sociedade e o mundo tanto precisam.

MAIS UMA COISA

Q UANDO COMECEI A ESCREVER ESTE LIVRO, imaginei o dia em que líderes como você teriam os recursos e o estímulo de conduzir disrupção com confiança. Espero que o livro tenha sido útil. Mas será preciso mais do que um livro para fazer a diferença. Será preciso um movimento conduzido por pessoas como você que procuram e prosperam com a disrupção para inspirar e apoiar nossos esforços disruptivos coletivos.

Criei a Quantum Networks, uma rede global de disruptores, para que se ajudem a criar mudança e crescimento exponencial em suas empresas, comunidades e na sociedade. A disrupção não precisa ser uma tarefa solitária.

Imagine se pudéssemos encontrar e nos conectar com outros disruptores, recorrendo a recursos e melhores práticas para levar nossos esforços disruptivos mais longe e mais depressa — e estar disponíveis uns para os outros enquanto sonhamos alto, tropeçamos e tentamos de novo. Imagine o tipo de mudança e impacto que poderíamos criar juntos.

Aqui está uma lista parcial do que está disponível e em desenvolvimento na Quantum Networks (quantum-networks.com — conteúdo em inglês), que inclui uma combinação de conteúdo público pago e gratuito:

Faça o download de um programa guiado gratuito de 6 semanas para desenvolver um mindset da disrupção. Passe uma hora por semana, sozinho ou com outras pessoas de sua organização, examinando e mudando sistematicamente sua estratégia, liderança e cultura.

Assine nossa newsletter semanal que apresenta melhores práticas, estudos de caso e as mais recentes notícias sobre criação de disrupção.

Participe de grupos de discussão para falar sobre temas que variam de questões difíceis como estratégia e cultura a assuntos leves e inspiradores para fomentar nossas almas disruptivas.

Junte-se a um Quantum Circle, um pequeno grupo com pessoas de interesses em comum que se reúne regularmente para apoiar disruptores em sua jornada.

De um modo genuinamente disruptivo, estou desenvolvendo a Quantum na correria. Mas espero que ela ajude você e outros disruptores a ter coragem e confiança para dar o primeiro passo e, assim, conduzir e criar mudança exponencial. Confira o que estamos preparando em quantum-networks. com [conteúdo em inglês].

Charlene Li

P.S.: Você pode me fazer um pequeno favor? Quando terminar este livro, uma avaliação na Amazon é sempre bem-vinda. Levará alguns minutos e significa muito para mim. Obrigada!

NOTAS

Introdução

1. Michael Shapiro, "The Newspaper That Almost Seized the Future", *Columbia Journalism Review* (novembro–dezembro 2011), https://archives.cjr.org/feature/the_newspaper_that_almost_seized_the_future.php.

2. David Folkenflik, "Knight Ridder Newspaper Chain Finds a Buyer", NPR, 13 de março de 2006, https://www.npr.org/templates/story/story.php?storyId=5259298.

3. Entrevista com Sverre Munke, ex-diretor de estratégia e chefe de classificados online da Schibsted, 15 de maio de 2018.

4. *Schibsted Media Group 2018 Annual Report* (2019), http://hugin.info/131/R/2240156/883123.pdf.

5. Um estudo da PwC em 2017 mediu o impacto da disrupção em um período de 10 anos, de 2006 a 2015, e constatou que a taxa de disrupção não estava aumentando como medido pela mudança anual no valor de empreendimento dos dez principais participantes de cada setor. Paul Leinwand e Cesare Mainardi, "The Fear of Disruption Can Be More Damaging Than Actual Disruption", *Strategy Business*, 27 de setembro de 2017, https://www.strategy-business.com/

article/The-Fear-of-Disruption-Can-Be-More-Damaging-than-Actual-Disruption.

6 Anna Washenko, "IFPI Global Report: Streaming Is the World's Top Music Revenue Source", *Rain News*, 24 de abril de 2018, http://rainnews.com/ifpi-global-report-streaming-is-the-worlds-top-music-revenue-source/.

7 Em seu livro seminal, *O Desafio da Liderança, 6ª Edição* (São Francisco: Jossey-Bass, 2017), os coautores Jim Kouzes e Barry Posner escreveram: "O trabalho dos líderes é mudar. E toda mudança exige que os líderes procurem ativamente meios de melhorar as coisas, crescer, inovar e aperfeiçoar."

8 Minha visita ao U.S.S. *Nimitz* quase não aconteceu. Eu vinha alimentando uma longa desconfiança em relação a ações militares, mas decidi sair de minha zona de conforto e participar da viagem. Fiquei impressionada com a abertura dos líderes do U.S.S. *Nimitz*, que permitiram que 16 blogueiros andassem pelo navio, colocando microfones e câmeras na frente de todos com quem pudemos falar. E sou grata à dedicação dos membros de nosso serviço militar que passam meses longe dos entes queridos para manter o mundo em segurança e oferecer ajuda humanitária em épocas de desastre. Aprendi a não julgar um livro pela capa e, em vez disso, olhar em seu interior para descobrir verdades e tesouros ocultos.

9 Um agradecimento especial a Jeremiah Owyang, Deb Schultz e Ray Wang, meus sócios na criação da Altimeter, pela confiança de se entregar totalmente à empresa.

Capítulo 1

10 O Google fez iterações com empresas como Excite! Lycos, Inktomi e Yahoo! O Facebook aprendeu com Six Degrees, Friendster e MySpace.

11 Clayton M. Christensen, *The Innovator's Dilemma: When new technologies cause great firms to fail* (Boston: Harvard Business Review Press, 1997). Publicado no Brasil como: *O Dilema da Inovação: Quando as novas tecnologias levam empresas ao fracasso*.

12 "Major US Mobile Operators/Carriers Revenue 2011–2017", Statista, acesso em 4 de abril de 2019, https://www.statista.com/statistics/199796/wireless-operating-revenues-of-us-telecommunication-providers/.

13 "T-Mobile US Net Income 2005–2018", Statista, acesso em 4 de abril de 2019, https://www.statista.com/statistics/219463/net-income-of-t-mobile-usa/". Major US Mobile Operators/Carriers Revenue 2011–2017", Statista, acesso em 4 de abril de 2019, https://www.statista.com/statistics/199796/wireless-operating-revenues-of-us-telecommunication-providers/.

14 Jon Brodkin, "T-Mobile Takes $3 Billion AT&T Breakup Fee, Builds 4G-LTE Network", *Ars Technica*, 23 de fevereiro de 2012, https://arstechnica.com/gadgets/2012/02/t-mobile-takes-3-billion-att-breakup-fee-builds-4g-lte-network/.

15 Andrew Sherrard foi vice-presidente sênior de marketing da T-Mobile em 2012 e se tornou diretor de marketing e de operações em 2015. Saiu da T-Mobile no final de 2017. Entrevistei-o em 22 de maio de 2018.

16 Uma das organizações que ajudaram com o processo de compreender os clientes da T-Mobile e desenvolver a estratégia foi minha empregadora, a Prophet. Eu não fazia parte da Prophet quando este livro foi escrito.

17 "Un-Carrier History/Un-Carrier Moves", 4 de abril de 2019, https://www.t-mobile.com 22 de maio de 2018.

18 "Major US Mobile Operators/Carriers Revenue 2011–2017", "T-Mobile US Revenue by Quarter 2010–2018", Statista, acesso em 12 de abril de 2019. https://www.statista.com/statistics/219435/total-revenue-of-t-mobile-usa-by-quarter/.

19 "Major US Mobile Operators/Carriers Revenue 2011–2017", "AT&T 2018 Annual Report", acesso em 12 de abril de 2019, https://investors.att.com/~/media/Files/A/ATT-IR/financial-reports/annual-reports/2018/complete-2018-annual-report.pdf. "Sprint 2018 Annual Report", acesso em 12 de abril de 2019, https://investors.sprint.com/financials/default.

aspx. "Verizon 2018 Annual Report", acesso em 12 de abril de 2019, https://www.verizon.com/about/sites/default/files/2018-Verizon-Annual-Report.pdf

20 T-Mobile, "Mobile and Sprint to Combine, Accelerating 5G Innovation and Increasing Competition", 13 de agosto de 2018, https://www.t-mobile.com/news/5gforall.

21 Chris Gaither and Sallie Hofmeister, "News Corp to Acquire MySpace", *Los Angeles Times*, 19 de julho de 2005, https://www.latimes.com/archives/la-xpm-2005-jul-19-fi-news19-story.html.

22 "Facebook Expansion Enables More People to Connect with Friends in a Trusted Environment", *Facebook Newsroom*, 26 de setembro de 2006, https://newsroom.fb.com/news/2006/09/facebook-expansion-enables-more-people-to-connect-with-friends-in-a-trusted-environment/.

23 Michael Arrington, "Facebook No Longer the Second Largest Social Network", *TechCrunch*, 13 de junho de 2008, https://techcrunch.com/2008/06/12/facebook-no-longer-the-second-largest-social-network/.

24 Noemi Chaves, "Is MySpace Still Thriving?", *Jag Wire*, 2 de maio de 2018, https://ohsjagwire.org/3255/2017-2018/is-myspace-still-thriving/.

25 "Facebook Users Worldwide 2018", Statista, acesso em 4 de abril de 2019, https://www.statista.com/statistics/264810/number-of-monthly-active-facebook-users-worldwide/.

26 Jillian D'Onfro, "Facebook Just Showed Us Its 10-Year Road Map in One Graphic", *Business Insider*, 12 de abril de 2016, https://www.businessinsider.com/facebook-f8-ten-year-roadmap-2016-4.

27 O kit completo está em https://www.ibm.com/design/thinking/. A IBM tem um mapa de empatia muito útil em https://www.ibm.com/design/thinking/page/toolkit/activity/empathy-map.

28 "Empathy Map: Build Empathy for Your Users through a Conversation Informed by Your Team's Observations", *Enterprise Design Thinking*,

28 de setembro de 2017, https://www.ibm.com/design/thinking/page/toolkit/activity/empathy-map.

29. Jacob Sonenshine, "Netflix Has Doubled in Value This Year (NFLX)", *Business Insider*, 14 de junho de 2018, https://markets.businessinsider.com/news/stocks/netflix-stock-price-doubled-for-year-2018-6-1027017550.

30. Michelle Castillo, "Reed Hastings' Story about the Founding of Netflix Has Changed Several Times", *CNBC*, 24 de maio de 2018, https://www.cnbc.com/2017/05/23/netflix-ceo-reed-hastings-on-how-the-company-was-born.html.

31. David Becker, "Netflix Starts Streaming Service", *Wired*, 5 de junho de 2017, https://www.wired.com/2007/01/netflix-starts-/.

32. Jason Gilbert, "Qwikster Goes Qwikly: A Look Back at a Netflix Mistake", *HuffPost*, 7 de dezembro de 2017, https://www.huffpost.com/entry/qwikster-netflix-mistake_n_1003367.

33. Julianne Pepitone, "Netflix Hikes Prices for Plans with DVDs Streaming", *CNNMoney*, 12 de julho de 2011, https://money.cnn.com/2011/07/12/technology/netflix_unlimited_dvd/index.htm.

34. Lisa Richwine, "Netflix Splits DVD and Streaming Services", Reuters, 19 de setembro de 2011, https://www.reuters.com/article/us-netflix-idUSTRE78I23B20110919.

35. Soo Youn, "People Were Not Stoked about Netflix Streaming When It Debuted", *Thrillist*, 29 de junho de 2017, https://www.thrillist.com/entertainment/nation/netflix-history-streaming-in-2007.

36. Richard Brody, "Netflix and Qwikster: The Streaming Apology", *New Yorker*, 20 de junho de 2017, https://www.newyorker.com/culture/richard-brody/netflix-and-qwikster-the-streaming-apology.

37. Ashley Rodriguez, "As Netflix Turns 20, Let's Revisit Its Biggest Blunder", *Quartz*, 14 de abril de 2018, https://qz.com/1245107/as-netflix-turns-20-lets-revisit-its-biggest-blunder/.

38 James B. Stewart, "Netflix Chief Looks Back On Its Near-Death Spiral", *New York Times*, 19 de outubro de 2018, https://www.nytimes.com/2013/04/27/business/netflix-looks-back-on-its-near-death-spiral.html.

39 Rex Crum, "Netflix Surges as Sales, Subscribers Rise", *MarketWatch*, 24 de janeiro de 2013, https://www.marketwatch.com/story/netflix-surges-late-as-sales-subscribers-rise-2013-01-23.

40 Mark Sweney, "Netflix Takes TV Gamble with $100m House of Cards Remake", *Guardian*, 1º de fevereiro de 2013, https://www.theguardian.com/media/2013/feb/01/netflix-tv-gamble-house-of-cards.

41 "Number of Netflix Subscribers 2018", Statista, acesso em 4 de abril de 2019, https:// www.statista.com/statistics/250934/quarterly-number-of-netflix-streaming-subscribers-worldwide/.

Capítulo 2

42 Entrevista com Sharma, 25 de maio de 2018.

43 Entrevista com Mark Garrett, 19 de abril de 2018.

44 Entrevista com Mike Saviage, 3 de maio de 2018.

45 Entrevista com Sharma. Jim Ludema e Amber Johnson. "How Adobe Enables Creativity Through Diversity, Psychological Safety and Values", *Forbes*, 13 de maio de 2019, https://www.forbes.com/sites/amberjohnson-jimludema/2019/03/13/how-adobe-enables-creativity-through-diversity-psychological-safety-values/#727246987201.

46 Mark Bosworth, "The Upside to Being Let Go by Nokia", *BBC News*, 31 de janeiro de 2014, https://www.bbc.com/news/magazine-25965140.

47 Siilasmaa contou que isso permitiu à gerência focar as energias no negócio em vez de brigar com os funcionários. Um estudo acadêmico do Nokia's Bridge Program descobriu que 85% das pessoas despedidas na Finlândia disseram estar satisfeitas com o programa. Candidatos despedidos e funcionários não afetados pelas dispensas continuaram

produtivos — e o nível de engajamento dos funcionários continuou estável — durante toda a reestruturação. Além disso, não houve greves em nenhum dos 13 países em que as dispensas ocorreram. Sandra Sucher e Shalene Gupta. "A Better, Fairer Approach to Layoffs", *Harvard Business Review*, 17 de abril de 2018, https://hbr.org/2018/05/layoffs-that-dont-break-your-company.

48 Jim Wilson, "Burn the Ships: Chapter One" (blog), Able Ebenezer Brewing Company, 26 de março de 2015, http://www.ableebenezer.com/blog/2015/3/26/burn-the-ships-chapter-one.

49 Christina Warren, "Adobe Goes All-In on Subscription Pricing Model", *Mashable*, 6 de maio de 2013, https://mashable.com/2013/05/06/adobe-subscription-pricing-only/#.BEuC50TyPqf.

50 Frederic Lardinois, "Adobe Goes All-In with Subscription-Based Creative Cloud, Will Still Sell CS6 for Now But Will Stop Developing It", *TechCrunch*, 6 de maio de 2013, https://techcrunch.com/2013/05/06/adobe-goes-all-in-with-subscription-based-creative-cloud-will-stop-selling-regular-cs-licenses-shrink-wrapped-boxes/.

51 "Sign the Petition", Change.org, acesso em 5 de abril de 2019, https://www.change.org/p/adobe-systems-incorporated-eliminate-the-mandatory-creative-cloud-subscription-model.

52 Chris Guillebeau, "Practical Ways to Burn the Ships: The Art of Non-Conformity", acesso em 5 de abril de 2019, https://chrisguillebeau.com/burn-the-ships/.

53 Entrevista com Paul LeBlanc, 4 de junho de 2018.

54 Segundo o relatório do National Student Clearing Center, 22,1% dos alunos matriculados em cursos de 4 anos em faculdades particulares com fins lucrativos e 26,5% de alunos matriculados em cursos de dois anos em faculdades comunitárias se formaram em seis anos. Shapiro, D., Dundar, A., Huie, F., Wakhungu, P.K., Yuan, X., Nathan, A. & Bhimdiwali, A., "Completing College: A National View of Student Completion

Rates – Fall 2011 Cohort", National Student Clearinghouse Research Center, dezembro de 2017, https://nscresearchcenter.org/wp-content/uploads/SignatureReport14_Final.pdf

55 Chrystina Russell e Nina Weaver, "Higher Education and the Economic Integration of Refugees", *Academically Speaking*, 22 de junho de 2018, http:// blogging.snhu.edu/academics/2018/06/22/higher-education-and-the-economic-integration-of-refugees/.

Capítulo 3

56 Charles Rutheiser, *The Opportunity Makers* (São Francisco: Blurb Publishing de 2016).

57 Robert Kelley, "In Praise of Followers", *Harvard Business Review*, 1º de agosto de 2014, https://hbr.org/1988/11/in-praise-of-followers.

58 James M. Kouzes e Barry Z. Posner, *The Leadership Challenge, 6th* São Francisco: Jossey-Bass, 2017).

59 Derek Sivers, "How to Start a Movement", TED, fevereiro de 2010, https://www.ted.com/talks/derek_sivers_how_to_start_a_movement.

60 "CES 2013 Day Two, Las Vegas — Highlights Video, Mobile World Live", YouTube, 9 de janeiro de 2013, https://www.youtube.com/watch?v=L9d-H0tfHtE. Início em 1min49seg.

61 "Martin Luther and the 95 Theses", History.com, 29 de outubro de 2009, https:// www.history.com/topics/reformation/martin-luther-and-the-95-theses.

62 "Karl Marx Publishes Communist Manifesto", History.com, 9 de fevereiro de 2010, https://www.history.com/this-day-in-history/marx-publishes-manifesto.

63 Richard Feloni, "See the Manifesto T-Mobile's CEO Used to Take the Company from Struggling to the Fastest-Growing Carrier in the US", *Business Inside*r, 11 de outubro de 2016, https://www.businessinsider.com/t-mobile-ceo-john-legere-un-carrier-manifesto-2016-10.

64 Sharon Tanton, "How to Write a Business Manifesto", *Valuable Content*, 14 de novembro de 2016, https://www.valuablecontent.co.uk/blog/how-to-write-a-business-manifesto.

65 T-Mobile, "T-Mobile's Newly Named CEO Addresses Employees", YouTube, 19 de setembro de 2012, https://www.youtube.com/watch?v=ZxwTJYVhIXg.

66 Feloni, "See the Manifesto T-Mobile's CEO Used".

67 David Goldman, "John Legere Credits His Sad Life for T-Mobile's Turnaround", *CNNMoney* de 2016, https://money.cnn.com/2016/03/28/technology/john-legere -twitter-emoji-t-mobile/index.html.

68 Lucy Handley, "Meet John Legere, the Rule-Breaking T-Mobile CEO Who Loves Pink and Even Has His Own Emoji", CNBC, 29 de novembro de 2017, https:// www.cnbc.com/2017/11/24/t-mobile-ceo-john-legere-on-twitter-his-rivals-and-being-an-uncarrier.html.

69 Em 6 de abril de 2019, John Legere (twitter.com/johnlegere) tinha 6,21 milhões de seguidores. A Verizon (twitter.com/Verizon), 1,08 milhões; a AT&T (twitter.com/att), 869 mil; e a Sprint (twitter.com/sprint), 429 mil, totalizando 4,1 milhões.

70 Drew FitzGerald, "T-Mobile's CEO Has a Side Hustle: Hosting a Goofy Online Cooking Show", *Wall Street Journal*, 8 de novembro de 2017, https://www.wsj.com/articles/this-goofy-online-cooking-show-host-has-a-side-gig-ceo-of-t-mobile-1510160040.

71 Essa troca entre Marcelo Claure, CEO da Sprint, e John Legere, CEO da T-Mobile, em 2015, é um exemplo de como Legere interagiu com a concorrência no Twitter. Isso é especialmente notável porque a T-Mobile está agora no processo de comprar a Sprint. Twitter, 23 de julho de 2015, https://mashable.com/2018/04/30/ sprint-tmobile-merger-ceo-twitter-beef/.

72 Entrevista com Max Hollein, 14 de junho de 2018.

73 Robin Pogrebin e Jason Farago, "With Choice of New Director, the Met Gets a Scholar and a Showman", *New York Times*, 18 de abril de 2018, https://www.nytimes.com/2018/04/18/arts/design/max-hollein-metropolitan-museum-of-art.html.

74 Ulrike Knöfel, "Frankfurt's Underground Landmark: Städel Museum Celebrates Bold New Extension", *Spiegel Online*, 22 de fevereiro de 2012, http://www.spiegel.de/international/germany/frankfurt-s-underground-landmark-staedel-museum-celebrates-bold-new-extension-a-816936.html.

Capítulo 4

75 "Historic Attendance Records for Schirn, Städel, and Liebieghaus in 2012", Städel Museum press release, 9 de janeiro de 2013, http://newsroom.staedelmuseum.de/system/files_force/field/file/2014/trias_press_attendance_records_2012_logo.pdf.

76 Andrew Fox, "Building an Ancient City Block by Block: Teotihuacan in Minecraft", de Young Museum, 26 de outubro de 2017, https://deyoung.famsf.org/building-ancient-city-block-block-teotihuacan-minecraft.

77 "Contemporary Muslim Fashions", de Young Museum, 4 de fevereiro de 2019, https://deyoung.famsf.org/exhibitions/contemporary-muslim-fashions.

78 Emily Sharpe e José Da Silva, "Art's Most Popular: Here Are 2018's Most Visited Shows and Museums", *Art Newspaper*, 27 de março de 2019, https://www.theartnewspaper.com/analysis/fashion-provides-winning-formula.

79 Julia Halperin, "What Can New Yorkers Expect from the Met's New Director? Friends and Colleagues Call Max Hollein a Change Agent with an Artist's Touch", *Artnet News*, 16 de maio de 2018, https://news.artnet.com/art-world/meet-mets-new-director-max-hollein-1286153.

80 "Political Correction Debate", Truthspeak, YouTube, 18 de maio de 2018, https:// www.youtube.com/watch?v=GxYimeaoea0&t=35m35s.

81 Salvatore R. Maddi e Suzanne C. Kobasa, *The Hardy Executive: Health under Stress* (Homewood, IL: Dow Jones–Irwin, 1984).

82 Para os que leram *Liderança Aberta*, a linguagem é familiar, porque os fundamentos são similares, extraídos dessa pesquisa. Em *Liderança Aberta*, os mindsets "otimista" e "pessimista" são análogos aos de abertura à mudança dos líderes disruptivos. Os mindsets "colaborativo" e "independente", aos comportamentos para empoderar e inspirar. Charlene Li, *Open Leadership: How social technology can transform the way you lead.* (São Francisco: Jossey-Bass, 2010). Publicado no Brasil como: *Liderança Aberta: Como as mídias sociais transformam o modo de liderarmos.*

83 Para compreender a vontade de liderar a mudança, pedi a vários líderes disruptivos de meu estudo para se classificarem em uma escala de 1 (nada disruptivo) a 10 (extremamente disruptivo) quanto ao grau de disrupção que acreditavam ter, sendo *disrupção* definida como "desafiar o *status quo* e tentar mudar uma situação para melhor". Isso produziu uma pontuação de "quociente disruptivo" para cada um deles. A média da pontuação do quociente disruptivo relatado para todos os líderes foi de 6,1, com a maioria das pontuações entre 4 e 8.

84 Para chegar a esses quatro arquétipos, perguntei aos líderes o quanto concordavam — em uma escala de 1 (discorda totalmente) a 5 (concorda totalmente) — com declarações sobre crenças de liderança e com que frequência — em uma escala de 1 (nunca) a 5 (quase sempre) — eles adotavam uma série de comportamentos de liderança. Também lhes foi pedido para escolher entre uma série de comportamentos de liderança em uma escala de 1 (nada confortável com mudanças) a 5 (altamente confortável com mudanças). Comparei as pontuações para determinar se eles estavam acima ou abaixo da média quando se trata de mindsets e comportamentos. Finalmente, analisei como essas pontuações se rela-

cionavam às pontuações de quocientes disruptivos relatados. Para mais detalhes sobre a pesquisa, visite charleneli.com/disruption-mindset.

85 Para mais informações sobre a rede de disruptores que estou formando, visite charleneli.com/quantum.

86 Melissa Korn, "Failure 101: Colleges Teach Students How to Cope with Setbacks", *Wall Street Journal*, 18 de dezembro de 2018, https://www.wsj.com/articles/failure-101-colleges-teach-students-how-to-cope-with-setbacks-11545129000.

87 Li, *Liderança Aberta*.

88 O *New York Times* tem um excelente artigo sobre "currículos de fracasso", além de links para vários exemplos. Tim Herrera, "Do You Keep a Failure Résumé? Here's Why You Should Start", *The New York Times*, 3 de fevereiro de 2019, https://www.nytimes.com/2019/02/03/smarter-living/failure-resume.html.

89 Este livro detalha os primeiros dias da criação da McKinsey, especialmente o impacto de Marvin Bower em estabelecer os princípios de negócios da empresa. Duff McDonald, *The Firm: The story of McKinsey and its secret influence on American business* (Nova York: Simon & Schuster, 2013). Publicado no Brasil como: *Nos Bastidores da McKinsey: A história e a influência da consultoria mais admirada do mundo*.

Capítulo 5

90 Entrevista com Dominic Barton, 13 de junho de 2018.

91 Paul Burkhardt, "McKinsey Apologizes for Overcharging South African Power Utility", Bloomberg.com, 8 de julho de 2018, https://www.bloomberg.com/news/articles/2018-07-08/mckinsey-s-sneader-says-south-africa-s-eskom-was-overcharged. Walt Bogdanich e Michael Forsythe, "How McKinsey Has Helped Raise the Stature of Authoritarian Governments", *New York Times*, 15 de dezembro de 2018, https://www.nytimes.com/2018/12/15/world/asia/mckinsey-china-russia.html.

92 Charlene Li, *Open Leadership: How social technology can transform the way you lead* (São Francisco Jossey-Bass, 2010). Publicado no Brasil como: *Liderança Aberta: Como as mídias sociais transformam o modo de liderarmos.*

93 O movimento "livro aberto" defende que todos os dados financeiros e de desempenho sejam compartilhados só com filtros necessários para proteger informações sigilosas. Em algumas organizações, até informações sobre salários são compartilhadas para criar a confiança de que o pagamento é justo e equitativo.

94 Ray Dalio, *Principles: Life and work* (Nova York: Simon & Schuster de 2017). Publicado no Brasil como: *Princípios.*

95 Risto Siilasmaa, *Transforming Nokia: The power of paranoid optimism to lead through colossal change* (Nova York: McGraw Hill de 2018).

96 Antes de entrar para a Nokia, em 2010, o CEO Steven Elop foi executivo da Microsoft. Quando entrevistei Siilasmaa, ele explicou que conduziu as negociações com a Microsoft para evitar possíveis preocupações de que Elop fosse influenciado por Ballmer, seu antigo chefe.

97 Os Princípios de Liderança da Amazon estão disponíveis em https://www.amazon.jobs/en/principles.

98 A carta de Jeff Bezos para os acionistas em 2016 está disponível em https://www.sec.gov/Archives/edgar/data/1018724/000119312517120198/d373368dex991.htm.

99 Entrevista com Paul LeBlanc, 4 de junho de 2018.

100 Manu Cornet, "Organizational Charts", Bonkers World", acesso em 23 de abril de 2019, http://bonkersworld.net/organizational-charts.

101 Satya Nadella, *Hit Refresh: The quest to rediscover Microsoft's soul and imagine a better future for everyone* (Nova York: HarperBusiness, 2017). Publicado no Brasil como: *Aperte o F5: A transformação da Microsoft e a busca de um futuro melhor para todos.*

102 "Satya Nadella Email to Employees: Embracing Our Future: Intelligent Cloud and Intelligent Edge", 29 de março de 2018, https://news.microsoft.com/2018/03/29/satya-nadella-email-to-employees-embracing-our-future-intelligent-cloud-and-intelligent-edge/.

103 "Definition of Lore in English by Oxford Dictionaries", *Oxford Dictionaries*, acesso em 7 de abril de 2019, https://en.oxforddictionaries.com/definition/lore.

104 DeAnne Aguirre, Varya Davidson e Carolin Oelschlegel, "Closing the Culture Gap", *Strategy Business*, 6 de dezembro de 2018, https://www.strategy-business.com/article/Closing-the-Culture-Gap.

105 Entrevista com Nick Jue, 18 de junho de 2018. Atualmente, ele é CEO do ING, na Alemanha.

Capítulo 6

106 William Kerr, Federica Gabrieli e Emer Moloney, "Transformation at ING (A): Agile", *Harvard Business Review*, 17 de maio de 2018, https://hbr.org/product/transformation-at-ing-a-agile/818077-PDF-ENG.

107 "Intermountain Healthcare Changing Internal Structure to Better Serve Patients and Communities", *press release*, Intermountain healthcare.org, 12 de outubro de 1970, https://intermountainhealthcare.org/news/2017/10/intermountain-healthcare-changing-internal-structure-to-better-serve-patients-and-communities/.

108 Jeff Gregersen e Hal Dyer, "How Does Amazon Stay at Day One?", *Forbes*, 8 agosto de 2017, https://www.forbes.com/sites/innovatorsdna/2017/08/08/how-does-amazon-stay-at-day-one/#d7146847e4da.

109 Huawei tem detratores e controvérsias, da prisão do diretor financeiro à solicitação do governo norte-americano para que seus aliados não usassem equipamentos 5G da Huawei por suspeita de espionagem. Conheço essas questões, mas incluí a Huawei no livro porque há muito a aprender com uma empresa que prosperou por meio da disrupção e tem sustentado um crescimento inovador ao longo de décadas.

110 Sijia Jiang, "Huawei Expects 2018 Revenue to Rise 21 Percent Despite International Scrutiny", Reuters, 27 de dezembro de 2018, https://www.reuters.com/article/us-huawei-outlook/huawei-expects-2018-revenue-to-rise-21-percent-despite-international-scrutiny-idUSKCN1OQ0F9.

111 "China: Huawei Net Profit 2017", Statista, acesso em 7 de abril de 2019, https://www.statista.com/statistics/233043/net-profit-of-huawei/.

112 Entrevista com Joy Tan, 9 de abril de 2018.

113 Entrevista com Omar Tawakol, 18 de dezembro de 2018.

114 Entrevista com Sverre Munck, 15 de maio de 2018.

115 Martijn Aurik, "How to Run a Meeting Like Google, Apple, Amazon, and Facebook", Minute, 28 de fevereiro de 2017, https://www.getminute.com/how-to-run-a-meeting-like-google-apple-amazon-and-facebook/.

116 Entrevista com Dan Liljenquist, 17 de julho de 2018.

117 Lisa Eadicicco, "Here's Facebook's New Motto:'Move Fast, with Stable Infra'", Business Insider, 30 de abril de 2014, https://www.businessinsider.com/heres-facebooks-new-motto-2014-4.

118 Os Princípios de Liderança da Amazon estão disponíveis em https://www.amazon.jobs/en/principles. Na carta aos acionistas, em 2018, o CEO Jeff Bezos também explica o princípio de altos padrões em mais detalhes. "Amazon CEO Letter to Shareholders 2018", SEC, acesso em 7 de abril de 2019, https://www.sec.gov/Archives/edgar/data/1018724/000119312518121161/d456916dex991.htm.

119 Aqui está um vídeo dos times de rugby da Nova Zelândia e Tonga realizando os rituais pré-jogo. Veja em tela cheia e volume máximo. "Is This the Most Intense Haka EVER?", YouTube, 13 de novembro de 2017, https://www.youtube.com/watch?v=604o4vuEDoY.

120 Gary Kelly, CEO da Southwest Airlines, usou fantasias que incluíram Paul McCartney, dos Beatles, Capitão Jack Sparrow, Dorothy de O Mágico de

Oz e Gene Simmons, da banda KISS, com maquiagem e tudo. Mais em https://www.washingtonpost.com/news/on-leadership/wp/2014/10/31/the-outrageous-halloween-costumes-of-southwests-ceo/?noredirect=on&utm_term=.4bb76fd7fd01.

121 Entrevista com Tom Nealon, presidente da Southwest Airlines, em 13 de junho de 2018.

122 Leia mais sobre isso em Howard Schultz e Dori Jones Yang, *Pour Your Heart into It: How Starbucks Built a Company One Cup at a Time* (Nova York: Hyperion, 1997).

123 Saiba mais sobre o programa Bring In Your Parents, da LinkedIn em https://bring inyourparents.linkedin.com/.

124 Jeff Stibel, "The Failure Wall", Dun & Bradstreet, 16 de abril de 2018, https://www.dnb.com/perspectives/small-business/failure-wall-encouraging-culture-success.html.

125 Pilar Guzman, "ONE Magazine: Handles with Care", *Smart Design*, https://smartdesignworldwide.com/news/one-magazine-handles/.

126 "The Surprising Stories Behind the Peculiar Building Names at Amazon", *US Day One* (blog), 21 de novembro de 2018, https://blog.aboutamazon.com/amazon-campus/the-surprising-stories-behind-the-peculiar-building-names-at-amazon.

127 Revelação: A Electrolux é cliente de minha empresa-mãe, a Prophet. Um estudo de caso do trabalho realizado pela Prophet para a Electrolux está disponível em https://www.prophet.com/case-studies/electrolux-cx/.

128 "Burning platform" [plataforma em chamas, em tradução livre] é um termo criado por Daryl Conner, autor de *Leading at the Edge of Chaos* e *Managing at the Speed of Light*, baseado na história de um trabalhador de plataforma de petróleo que saltou de uma plataforma em chamas para o mar para evitar morte certa. Conner a usa como uma analogia para a coragem de que os líderes precisam para saltar para

a incerteza e ambiguidade da mudança. Com o passar do tempo, o termo passou a significar que a mudança só é possível em situações catastróficas, o que não foi a intenção original de Conner. Leia mais sobre o assunto em "The Real Story of the Burning Platform", 15 de abril de 2012, https://www.connerpartners.com/frameworks-and-processes/the-real-story-of-the-burning-platform.

129 Essa citação é atribuída equivocadamente a Charles Darwin. Ela provém de um discurso, de 1963, de Leon C. Megginson, professor de administração de empresas da Universidade do Estado da Luisiana. Ao longo dos anos, ela foi simplificada. Veja detalhes em "It Is Not the Strongest of the Species That Survives But the Most Adaptable", *Quote Investigator*, 4 de maio de 2014, https://quoteinvestigator.com/2014/05/04/adapt/.

Conclusão

130 ZeitgeistMinds, "Larry Page Q&A with Eric Schmidt at Zeitgeist Americas 2011", YouTube video, 45:12, 27 de setembro de 2011, https://www.youtube.com/ watch?v=srI6QYfi-HY&t=38m10s.

131 Revelação: a Southwest Airlines é minha cliente desde 2013, e vejo aspectos positivos e negativos da liderança, das operações e da cultura da empresa. Ela está longe de ser perfeita, mas saio de toda reunião com um grande respeito por seu comprometimento com seus valores, funcionários e clientes. E, por minha experiência, todos dão muito mais abraços do que apertos de mãos. Esse é o estilo da Southwest.

132 Bart Jansen, "A Record 965 Million People Flew Last Year, DOT Says", *USA Today*, 22 de março de 2018, https://www.usatoday.com/story/travel/flights/today inthesky/2018/03/22/dot-record-965-million-passengers-took-domestic-foreign-flights-last-year/450679002/.

133 Departmento de Transporte dos EUA, *Air Travel Consumer Report*, março de 2019, tabela 6A, https://www.transportation.gov/sites/dot.gov/

files/docs/resources/individuals/aviation-consumer-protection/335211/march-2019-atcr.pdf.

134 Airlines for America, *Annual Financial Results: World Airlines,* acesso em 7 de abril de 2019, http://airlines.org/dataset/annual-results-world-airlines/. As estimativas de 2018 são de "Industry Statistics", IATA, dezembro 2018, acesso em 7 de abril de 2019, https://www.iata.org/publications/economics/Reports/Industry-Econ-Performance/Airline-Industry-Economic-Performance-December-18-Datatables.

135 Southwest Airlines, *Annual Reports,* acesso em 7 de abril de 2019, http://investors.southwest.com/financials/company-reports/annual-reports.

136 Entrevista com Tom Nealon, 13 de junho de 2018.

137 "Southwest Airlines: Southwest's Own Colleen Barrett Talks Culture in 2015", 6 de maio de 2015, https://www.facebook.com/SouthwestAir/videos/southwest-own-colleen-barrett-talks-culture-in-2015/10153422011443949/.

ÍNDICE

Símbolos

(Red), 85

A

abalo financeiro de curto prazo, 53
abdicar do controle, 75-76
abertura, 12, 125, 134-141
abertura à mudança, 111
ação, 12, 133, 148-153
Adobe, 8-9, 46-49
    conferência Adobe Max, 58
    Creative Cloud, 52
    Creative Suite, 46
agilidade, 125
Alexandre, o Grande, 57
alto escalão, 136
amadores, 61
Amazon, 30, 144-146, 172
antropologia, 188
Aperte o F5 (livro), 159
Apple, 30, 85
aprendizado baseado em projetos, 65
atitudes, 11
autoridade, 147
aviação, setor, 194

B

Barry Posner, 77
bolha das pontocom, 176
buscar novos clientes, 18

C

campo de decisão, 153
capacidade de mudança, 152
capital aberto, 47
cenários pessimistas, 118
ciclo de novidades, 21
ciclos de produto, 130
Clay Christensen, 18
clientes, 32-33
    conselho consultivo, 35
    demanda, 48
    experiências, 48
    futuros, 29-31, 39-42
    lucrativos, 18
    métricas de relacionamento, 32
    necessidades, 25-26, 43
    pesquisa, 38
comodistas, 61
compartilhamento, 140
    de informações, 11
competitividade, 138
complexidades, 35
comportamentos, 11, 129
comprometimento, 51, 66
comunicação franca, 51
confiança, 146
consistência, 93-95
conteúdo na web, 48
contradições, 35
conversas difíceis, 135

crenças, 11, 129-130
crescimento, 9
    exponencial, 6, 62, 65
crise financeira de 2008, 100
cronograma, 49
cultura, 11-16, 56, 128-133
    da inércia, 131-132
    de fluxo, 131-133, 187-189
    elementos culturais, 129
cumprimento de tarefas, 11
currículo de fracasso, 121
curso a distância, 63-64

D

dados, 28, 50, 140
    intersetoriais, 41
Dan Liljenquist, 177
Dave Burkett, 48
David Thodey, 141
declaração de visão, 84, 88
definir um prazo, 61
demissões, 56
Derek Sivers, 78
desafios, 120
desconfiança, 50
desejos, 116
desenvolvimento do produto, 47
design thinking, 33
despertar a curiosidade, 120
determinação, 145
diálogo, 50-57
dilema do inovador, 18, 25
dinheiro, 30
discussões desagradáveis, 57
disparidade de gênero, 113-114
disponibilidade de informações, 134
dispositivos móveis, 32

disrupção, 5-15
    clássica, 23
    elementos, 7-13
    estratégia, 25
    estratégias, 13-14
    mindset, 24
diversificação
    da força de trabalho, 72-73
    étnica e de gênero, 74
dominar suas emoções, 117
Dominic Barton, 126
Dun & Bradstreet, 181

E

educação, 63-65
Electrolux, 183
empatia, 159
empresas estabelecidas, 17
encontrar oportunidades, 104
encorajar sonhos, 116
envolvimento, 94
equipes ágeis, 169
Eric Schmidt, 193
erros, 119-121
escalas
    mindset de abertura, 114
    quociente disruptivo, 109
estabelecer processos e ordem, 110
estratégia de crescimento, 28
estrutura, 163-171
    hierárquica, 50
    organizacional, 50

F

Facebook, 26-29
fadiga da mudança, 158
ferramentas digitais e sociais, 93

fidelização, 24
First Boston, 73
flexibilidade, 171
Fred Gluck, 127
funcionários, 76–77
    novos, 188
    tipos, 77
    treinamento, 86
futuro incerto, 56–57

G

George Shinn, 73
gerente de engajamento, 126
gestão da mudança, 58
Gijs Valbracht, 169
Goldman Sachs, 73
Google, 30, 176–177, 193

H

Henry Kravis, 75
histórias de heróis, 186–188
horizonte de investimentos, 49
Huawei, 173, 186–187

I

incerteza, 51, 117
ING Bank, 165–171
    Código Laranja, 166–167
    estrutura organizacional, 168
    revisão trimestral de negócios (QBR), 169
ingerência russa, 28
inovação, 5, 163, 173
insegurança, 51, 94
Intermountain Healthcare, 177
investimento, 175–176

J

Jeff Bezos, 145, 183
Jeff Stibel, 181
Jim Kouzes, 77
John Legere, 90–91
John Whitehead, 73

K

KKR, 75

L

Larry Page, 193
liberdade, 12, 125, 142–148
Liderança Aberta (livro), 70, 120
líderes, 70, 89–95
    arquétipos, 108–113
        Agentes Provocadores, 112
        Céticos Preocupados, 111–112
        Gerentes Firmes, 110
        Realistas Otimistas, 111
    comportamentos, 104–108
    disruptivos, 10
    inspiradores, 10
    mindset, 104–108
LinkedIn, 181
lógica do status quo, 17

M

Mala Sharma, 46
manifesto, 84–89
    ação, 87
    crença, 87
    melhores práticas, 88
    reclamação, 87
Manu Cornet, 158
mapas de empatia, 33–34
marca, 29–30

Marc Randolph, 39
Mark Garret, 52
Martin Luther King Jr., 10
Max Hollein, 100-104
McKinsey & Company, 126-128
medo do fracasso, 136
metas de curto prazo, 163
Michael Osheowitz, 72, 90
Mike Saviage, 53
mindset
    aberta à mudança, 10, 106
    de crescimento, 181
    inovadora, 23
modelo de assinatura baseado em nuvem, 47
modo de venda, 47
Morgan Stanley, 73
movimentos, 69-70
    formas de construir, 79-80
mudança, 45, 178
Museu Städel, 100-104
MySpace, 26-27

N

Netflix, 30, 39-42
Nextdoor, 85
Nokia, 137-139
    Bridge Program [Programa Ponte], 56
    declínio, 56

O

O Desafio da Liderança (livro), 78
oferta pública de aquisição, 47
Omar Tawakol, 174
oportunidades, 63
organização sem fins lucrativos, 62-65
organogramas, 164-165
otimismo, 120
Oxo, 182

P

paciência, 95
Paul LeBlanc, 62
pedir permissão, 118
pensar no futuro, 33
personas, 35
pesquisa e desenvolvimento, 173
pesquisas rigorosas, 46-50, 66
pessoas aficionadas por clientes, 36
Piedmont Healthcare, 85
planejamento estratégico, 173-174
    de três etapas, 46
plano B, 61-62
plataformas de colaboração, 135, 140
post mortems, 118
potencial da internet, 63
prazos impossíveis, 153
preconceito, 113
pressão competitiva, 130
press release, 172
Princípios (livro), 135
privacidade, 28
processo "ágil", 120
processos, 162, 172-179
    back-end, 30
    disruptivos, 178-179
procurar o fluxo, 120
produtividade, 163
produto minimamente viável, 150
propósito, 84
propriedade, 145, 147
punições, 11

Q

quadro dos insucessos, 181
queda nos preços das ações, 47
queimar os barcos, 58-60
quociente de disrupção da organização (QDO), 14

R

Ray Dalio, 135
reação e flexibilidade, 59
recompensas, 11
recursos, 49, 66
redes de apoio, 119
Reed Hastings, 39-40
reformulação do fracasso, 120-121
refugiados, 65
relacionamentos, 56, 77
    como definir, 81-84
    como manter, 82-84
relações
    com investidores, 54
    de poder, 162
Ren Zhengfei, 186
repetição, 94
respeito, 129-130
responsabilidade, 51, 54, 135
reuniões, 176-178
riscos calculados, 150
Risto Siilasmaa, 137
rituais, 180-182
Robert Baldwin, 73
Robert Kelley, 76
Robert Menschel, 73
robustez psicológica, 105-106
    comprometimento, 105
    controle, 106
    desafio, 106

S

Salvatore Maddi, 105
Satya Nadella, 158
Schibsted, 175-176
segmentos, 35
seguidores, 76-79
    identificar, 83
    ponto de vista, 83-84
    pontos fortes e fracos, 84
senso de controle, 117
Shantanu Narayen, 49
Sharon Tanton, 87
símbolos, 182-185
simplicidade, 94
sistemas operacionais, 157-158
Southern New Hampshire University (SNHU), 62-65, 151-152
    campanha publicitária, 64-65
    crise financeira, 64
    diferenciais, 63
    missão, 63
Southwest Airlines, 180
Sponsors for Educational Opportunity (SEO), 71-76
    setor financeiro, 72-73
Starbucks, 181
Stephen Elop, 137
sucesso, 52
suspensão de contratos de trabalho, 56
Suzanne Kobasa, 105

T

talentos, 30
teatro
    da inovação, 187
    da transformação, 46

tecnologia, 5
tecnologia de comunicação e
   informação (TIC), 137
TED Talk, 78–79
Telstra, 141
tempo, 49, 66
T-Mobile, 8–9, 18–24
tomadas de decisão, 11, 62, 83–84, 134, 147
trabalho em conjunto, 11
tradição, 163, 179–189
   auditoria, 187–188
   modificar, 187–189
trampolim do herói, 185–186
transformação, 6
   disruptiva, 58
transparência, 46, 50–57, 134–136
   como promover, 55–56
tribalismo, 70

U

Un-carrier, 21–23, 80–92
U.S.S. Nimitz, 11–12

V

valores, 56
visão de futuro, 116
Voicea, 173–175
voz coletiva e ativa, 88

W

Wall Street, 53
Warren Buffett, 135
Wayne Gretzky, 7
William Goodloe, 75

CONHEÇA OUTROS LIVROS DA ALTA BOOKS

Negócios - Nacionais - Comunicação - Guias de Viagem - Interesse Geral - Informática - Idiomas

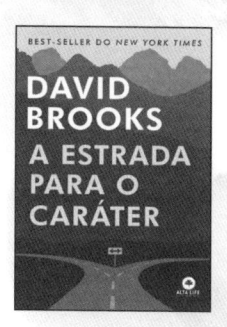

Todas as imagens são meramente ilustrativas.

SEJA AUTOR DA ALTA BOOKS!

Envie a sua proposta para: autoria@altabooks.com.br

Visite também nosso site e nossas redes sociais para conhecer lançamentos e futuras publicações!

www.altabooks.com.br

/altabooks • /altabooks • /alta_books

ALTA BOOKS
EDITORA